✦ 밥 프록터만큼 생각의 힘을 제대로 이해하는 사람은 없다. 그는 생각을 성공으로 구현하는 거장이다. 『밥 프록터의 위대한 확언』은 수백 년에 걸친 위대한 생각을 단 한 권의 책에 담아냈다.

— 래리 킹Larry King(TV, 라디오 프로그램 진행자)

✦ 지그 지글러Zig Ziglar는 동기부여의 대가이고 『영혼을 위한 닭고기 수프』를 쓴 마크 빅터 한센Mark Victor Hansen과 잭 캔필드Jack Canfield는 스토리텔링의 대가다. 앤서니 로빈스Anthony Robbins는 자기계발의 권위자다. 하지만 밥 프록터는 위대한 사상가다. 삶을 체계화하는 데 있어 그를 능가할 사람은 없다.

— 더그 위드Doug Wead(대통령 역사가, 대중 연설가)

✦ 이 남자에겐 삶에서 가장 복잡한 개념을 더없이 단순한 형태로 축소하는 능력이 있다. 그는 생각해 낸 어떤 아이디어든 실제 현실로 구현할 방법을 설명해 준다. 이 남자의 이름은 밥 프록터다.

— 빅 코넌트Vic Conant(나이팅게일-코넌트 코퍼레이션 대표)

✦ 일을 시작하면서 작가이자 연설가로 밥 프록터를 만난 건 내게 축복이었다. 그의 지혜와 지도 덕분에 회사에서 정점을 찍었을 때보다 연설가로 일한 첫해에 더 많은 돈을 벌었다. 그의 통찰력에 힘입어 혼자서는 절대 생각하지 못했을 방법으로 내 사업을 시작할 수 있었다. 현실을 바꾸고 싶어 하는 모든 이에게 진심으로 밥 프록터를 권한다.

— 신시아 커지Cynthia Kersey(『멋지게 한판승』 저자)

✦ 나는 지난 15년간 수백 명의 연설을 들었지만 밥 프록터처럼 곧바로 삶을 개선하는 데 쓰이는 단순한 개념을 가르치는 사람은 없었다.

— 존 아사라프John Assaraf(리맥스 인디애나 대표, 『해빙 잇 올』 저자)

✦ 나는 밥 프록터와 많은 시간을 함께했다. 그러면서 인간 정신의 원리, 행동의 이유를 꿰뚫는 그의 깊이 있는 지식에 매료됐다. 그에게 귀를 기울이자. 삶에서 중요한 변화를 일으키고 싶다면 이 남자가 방법을 알려줄 것이다.

— 제이 에이브러햄Jay Abraham(《포춘 500》 컨설턴트)

✦ 수없이 많은 이에게 밥 프록터라는 사람은 지켜보고 배워야 할 존재다. 그는 당신에게 자아라는 신비로운 선물을 준다. 당신이 허락한다면 패러다임 전환이 일어나는 순수한 상태로 회귀할 수 있다. 그곳에서 각성하고 인식하면 당신은 원하는 무엇이든 될 수 있다.

— 폴 길먼Paul Gilman(뮤지션, 프로듀서, 길먼사운드 대표)

✦ 더 많이 성공하고 싶은 사람들에게는 이 책이 축복으로 다가올 것이다.

— 다이안 캐넌Dyan Cannon(배우, 감독, 제작자, 시나리오 작가)

✦ 우리가 모두 원하는 것, 즉 성공하는 법을 다룬 완벽한 책. 이 책은 단순하면서도 깊이 있게 성공의 모든 측면을 다루는 한편, 더 많이 성취할 수 있는 길을 안내한다.

— 워런 문Warren Moon(스포츠1 마케팅 CEO)

✦ 오랜 세월에 걸쳐 입증된 심플한 개인의 성공 지침서.

— 그레그 S. 리드Greg S. Reid(『밥 프록터 생각의 시크릿』 공동 저자, 『10년 후』 저자)

✦ 밥 프록터는 자신의 세미나에서 나폴레온 힐Napoleon Hill의 『생각하라 그리고 부자가 되어라』의 가죽 바인딩 사본을 가지고 다녔다고 언급했다. 그는 매일 그 책을 조금씩 읽었고 몇 년 동안 읽은 후에도 여전히 새로운 아이디어를 찾았다고 했다. 나는 이 책 『밥 프록터의 위대한 확언』이 나에게 그런 보석이 아닐까 생각한다.

— 조지프 밀러Joseph Miller(미국 아마존 독자)

✦ 이 책이 단순히 또 다른 동기부여 책이라고 생각한다면 당신은 틀렸다. 그렇지 않다. 이 책은 백만장자 멘토가 당신에게 성공의 길을 개인적으로 안내해주는 것에 가깝다.
이 책을 그냥 읽지 마라. 여러 번 읽어라. 사고 과정의 일부가 될 때까지 반복해서 읽어라.

— JWW(미국 아마존 독자)

✦ 짧지만 달콤한, 환상적인 책. 지금까지 쓰인 책 중 최고다.

— 마크 T. 브로디Mark T. Brody(미국 아마존 독자)

✦ 각 페이지와 단어는 경건할 정도로 신중하게 선택되었다. 매일 조금씩 읽으면서 필요한 생각을 하나씩 정리하자. 당신의 생각과 가능하다고 믿었던 한계점이 바뀔 것이다.

— 대니Danny(미국 아마존 독자)

✦ 밥 프록터의 책은 정말 사랑, 사랑, 사랑이다! 이 책은 또 다른 홈런이다. 그는 모든 것을 잘게 쪼개서 이해하고 따라 하기 쉽게 만들어준다. 고마워요, 밥!

— 팸 제이Pam J(미국 아마존 독자)

✦ 시대를 초월한 지혜를 담고 있는 책. 이 책에서 밥 프록터는 평생을 바쳐 연구한 인간 심리학을 토대로 삶의 모든 영역에서 성공하기 위해 생각을 올바른 방향으로 유지하는 방법을 보여준다. 쉽게 빠져들어 읽고, 책 밖으로 나오면 앞으로 나아갈 수 있도록 도와주는 멋진 책이다.

— 척 BChuck B(영국 아마존 독자)

밥 프록터의

위대한 확언

THE ABCs OF SUCCESS:

The Essential Principles from America's Greatest Prosperity Teacher

밥 프록터의

위대한 확언

밥 프록터 지음 | **김잔디** 옮김 | **조성희** 감수

page2

당신의 운명은 당신의 선택대로 된다

나에게 성공은 불가능한 것이었다

올여름 밥 프록터의 신간이 출간되고, 『밥 프록터 생각의 시크릿』이 한국에 재출간된 지 얼마 지나지 않아 『밥 프록터의 위대한 확언』이 새롭게 출간되다니! 올해 벌써 밥 프록터의 세 번째 책을 감수하고, 이렇게 추천사를 쓰게 되어 다시금 큰 감사함을 느낀다.

최근 오랜만에 모인 지인들이 만나자마자 "정말 축하해요! 밥 프록터의 베스트셀러 책 감수자로 이름을 올리신 걸 보고 기뻤어요!"라고 이야기하는 것을 듣고 밥 프록터의 진가가 한국에 더욱 알려지고 있음을 실감했다.

올해 초 밥 프록터가 세상을 떠난 후, 그의 책들이 연속으로 한국에 출간되고 절판된 책의 중고가가 치솟고 있는 이유는 그의 진짜 가치를 알아보는 이들이 한국에 더 점점 많아지기 때문이리라.

부정적이고 뚱뚱했으며, 무기력에서 헤어나오지 못했던 나의 삶에 대반전을 만들어준 밥 프록터의 말들은 잠자고 있던 내 잠재의식의 힘을 마구 흔들어 깨워주었다.

나는 '밥 프록터에게 직접 더 배우자!'라는 열정 가득한 마음으로 15년 전 무작정 미국으로 달려갔었다. 그때 내가 보았던 그의 가치를 요즘은 한국에서도 많은 분들이 알아봐 주니 이 기쁜 마음을 표현할 길이 없다.

"정직하게 열심히 노력만 하면 다 될 줄 알았는데 살아보니 그게 아니더라고요. '뭔가 내가 놓치고 있는 게 있진 않을까?'라고 생각하던 차에 유튜브를 보고 이거다 싶어 무작정 마인드파워 수업을 들으러 달려왔습니다"라며 씁쓸한 한숨 섞인 이야기를 하는 분들을 만날 때가 많다.

나 또한 이전에는 성공한 사람은 그런 운명을 타고나야 한다고 생각했고, 성공하기 위한 조건들이 충족되지 않으면 성공은 불가능하다고 생각했다. 그랬기에 나에게는 성공은 불가능한 것이었다.

지하 사글셋방과 빚에서 벗어나지 못했던 어린 시절에는 부모님이 보내주는 어학연수를 다녀오던, 힘들면 비빌 언덕이 있는 친구들이 부러웠다. 사막을 혼자 꾸역꾸역 힘들게 걸어가는 기분으로 하루하루 살았고, 아무리 열심히 애써도 내 인생은 도저히 변할 것 같지 않아 보였다.

'열심히'만 한다고 부자가 되지 않는다

그런데 마인드파워를 공부하고 특정한 일들을 특정한 방식에 따라 하기 시작하면서 내 삶에 풍요의 물꼬가 트이기 시작했다. 이전에는 상상하지도 못했던 일들을 체험하게 된 것이다.

마인드파워를 공부한 이후 나는 미국, 유럽, 싱가포르, 중국 등의 큰 무대에서 강의를 했고, 지금까지 12권의 책을 출간한 베스트셀러 작가가 되었다. 또한 내가 원할 때 원하는 장소에서 가장 사랑하는 일을 하며 매 순간 풍요와 행복을 느낀다. 지금 나는 전부터 꿈꾸던, 성장하는 삶을 살고 있다. 이 모든 것이 어떻게 가능했을까?

나폴레온 힐은 그의 책 『생각하라 그리고 부자가 되어라』에서 아래와 같은 법칙을 강조한다.

"근면과 정직만으로 부를 이룩할 수 있다고 믿는다면 이는 크게 잘못된 생각이다. 성실하게 일만 하면 부자가 된다는 생각 또한 오산이다. 막대한 부를 획득하기 위해서는 간절하고 강렬한 열망과 대자연의 법칙이 작용해야 한다. 물론 우연이나 요행을 말하는 것은 아니다."

당신 앞에 놓인 현실은 중요치 않다. 당신이 아무리 가난하더라도, 특정한 일을 특정한 방식에 따라서 하기 시작한다면 당신 앞에 돈이 쌓이기 시작할 것이다. 돈이 어느 정도 있어서 사업을 시작하고 그 이후에 부자가 되는 게 아니라, 특정한 일을 특정한 방식대로 했기 때문에 돈을 벌고 부자가 되는 것이다.

당신이 지금 스스로 패배자에 가난한 사람이라고 여기고 있다고 해도 상관없다. 친구도, 부모도, 재능도, 그 어떤 것 하나도 받쳐주지 않아서 혼자 이겨내야 하는 상황이어도 괜찮다. 특정한 일을 특정한 방식대로 계속하기만 하면 부자가 되지 않을 수가 없다.

바로 지금 시작하고 반복하라

『밥 프록터의 위대한 확언』은 A부터 Z까지 '특정한 일을 특정한 방식대로' 할 수 있는 모든 법칙이 상세하게 담겨 있는 책이다. 각 법칙들을 가장 쉽게 이해할 수 있도록 풀어놓은, 성공으로 가는 과정의 교과서와도 같다. 이 책을 감수하는 동안 미국에서 트레이닝받을 때의 기억들이 새록새록 떠올라 즐거웠다. 독자 여러분이 이 책의 내용을 삶에 적용한다면 어떤 변화가 일어날지 상상하며 감수하는 작업은 나의 심장을 더욱 세차게 뛰게 했다.

모든 이기는 과정에는 시작점이 있다. 운전을 하려면 운전하는 법을 배워야 하고, 골프를 치려면 어떻게 치는지 처음부터 배워야 한다. 성공적인 삶을 사는 것도 마찬가지다. 무언가 배울 때는 우선 기본부터 배우기 시작하는데, 이를 완전히 마스터할 때까지 매일 열심히 훈련해야 한다. 처음에는 개선된 결과를 보고 싶은 욕망에 조바심이 날지도 모른다. 그러나 기본을 마스터하는 데 당신이 투자한 시간은 결국 보상받을 것이다.

기본을 마스터하는 것은 초고층 빌딩을 짓기 위해 튼튼

한 기초를 쌓는 것과도 같다. 기본을 쌓는 데는 시간이 걸릴지도 모르지만, 그 과정이 끝나면 나머지는 빠르게 올라갈 것이다.

대나무 중에서는 '모죽'을 최고로 친다. 모죽은 5년이 지날 때까지는 손가락만 한 크기로 자란다. 그런데 주 성장기에 접어들면 갑자기 하루에 80cm씩 쑥쑥 자라기 시작해 30m까지 자란다. 이처럼 단단한 기초가 받쳐준다면 그 위에 쌓일 당신의 빌딩도 거뜬할 것이다.

이를 위해 법칙을 체화하고 싶다면 이 기본 지침서의 끊임없는 반복을 권하고 싶다. 함께 성장하고자 하는 사람들과 함께 독서 클럽을 만들어서 진행하면 그 시너지는 더욱 클 것이다.

수없이 반복하고 반복하라! 내 세포에 체화될 때까지!

당신의 운명은 우연이 아니라 선택의 문제다

누구나 아무리 열심히 해도 발전은 없고, 언제나 제자리 걸음이라고 생각하여 포기해 버리고 싶을 때가 있다.

지금 비록 가진 게 없더라도 괜찮다. 지금 그늘에 있고 아무도 나를 알아봐 주지 않는 것 같아도 괜찮다. 내가 아무것도 아닌 것 같고, 마음이 비참하고, 가슴이 찢어질 것처럼 외로워도 괜찮다. 당신이 그늘에 있다고 느껴질수록 이것은 절호의 기회이다.

이럴 때일수록 침묵하면서 당신의 내부를 단단하게 다질 수 있기 때문이다.

뜨겁게 침묵하고 내 안의 내부를 단단하게 쌓는다면 '때'가 되었을 때 순금처럼 찬란하게 빛을 발하게 되어 있다.

주위 사람들이 나에게 뭐라고 할지라도 상관없다. 나 자신이 스스로 가능하다고 여긴다면, 할 수 있다고 생각한다면 그것은 가능한 것이다.

인생은 '마음껏 조각해 봐라'라고 하늘이 우리에게 주신 기회다. 우리는 인생을 그대로 방치하다가 여기 치이고 저리 치이게 둘 수도 있고, 어느 정도까지 조각을 시도하다가 포기하고 미완성으로 남겨둘 수도 있고, 남들은 생각지도 못했던 반짝반짝 빛나는 조각품을 만들어 수많은 사람들에게 감동과 영감을 주며 살아갈 수도 있다. 우리는 이처럼 내가 원하는 대로, 내 마음대로 자신의 인생을 조각할 수 있는 특권을 가진 것이다!

당신이 이 책을 집은 이유가 있을 것이다. 그것은 우리가 만나게 될 '때'가 되었기 때문이다.

지금 당신의 마음속에 변화해야겠다는 뜨거운 무언가가 느껴진다면 주저하지 말자.

『밥 프록터의 위대한 확언』 속의 내용들은 당신이 어떤 일을 어떤 방식으로 해야 하는지 안내한다. 이 책이 당신을 행복한 부자가 되는 길로 인도할 것이다.

이 세상 떠날 때, 그동안 살아온 인생을 돌아보며 "그래! 정말 잘 살았다! 내 인생 정말 멋졌어! 여한이 없다!"라고 자신 있게 웃음 짓는 당신으로 성장하기를 뜨겁게 응원한다!

With much love and big hug,

— 조성희, 마인드파워 스쿨 대표

밥 프록터의 한국 유일 비즈니스 파트너

'달칵' 스위치를 켜서 갑자기 모든 것을 깨닫는 순간

2006년 워싱턴주 밴쿠버의 세미나에서 처음 보는 남자가 연단에 올라 내 앞에서 연설을 시작했다. 그리고 그는 그대로 내 인생을 영원히 바꿔버렸다.

그 남자의 이름은 밥 프록터다. 그날 청중석에 있었던 나는 밥 프록터의 에너지와 지혜를 흡수하고 노트에 정신없이 받아 적으면서 한 번도 상상하지 못했던 여정과 예상치 못한 미래에 발을 담갔다. 알고 보니 이 미래야말로 내 운명이었다.

금방 깨달았지만 밥을 만나 그런 경험을 한 사람은 나뿐만이 아니다. 나 말고도 수백만 명이 더 있다.

그는 내게 새로운 미래를 열어줬을 뿐만 아니라 꼭 필요한 존재로 자리 잡았다. 나는 그 세미나에서 갑작스럽지만 확고하게 결심했다. 이 놀라운 남자와 함께 일하기로. 그리고 단순히 함께 일하는 것을 넘어, 밥이 긴밀하게 교류하는 조언자 집단에 들어가고 싶었다.

그 세미나가 끝나고 얼마 지나지 않아, 나는 잘나가던 변호사 사무소를 그만두고 많은 돈을 벌 수 있는 커리어를 접었다. 바로 그 일을 하기 위해서였다. 그리고 다시는 돌아보지 않았다.

오늘날 나는 사업 파트너이자 협력자, 그리고 친구(가장 소중한 역할이다)로서 매일, 가끔은 분 단위로 밥 프록터가 지구상에서 누구보다 존경받고 사랑받으며 다들 그에게 귀를 기울이는 이유를 깨닫는다.

"어떻게 그래요?" 행사에 참석한 군중(항상 군중이 몰린다) 사이를 걷다 보면 이 질문을 많이 받는다. "어떻게 저렇게 힘이 넘치죠? 어떻게 이렇게 많은 일을 하고, 많은 사람과 교류하는 거예요? 어떻게 자기가 소개하는 정보를 이번에 처음 깨달았다는 듯 늘 열정으로 가득해 보이는 거죠?"

밥과 수많은 시간을 함께 보냈던 경험으로 장담하건대 그의 열정이나 신념은 '그래 보이는' 것과는 거리가 멀다. 항상 100% 진실이다.

밥이 하는 모든 일은 절대적인 진심과 확신, 넓은 도량에서 나온다. 그는 자신이 가르치는 내용에 있어 진실과 효과의 산증인이다. 그는 신념과 지식, 행동이 제대로 결합하면 누구나 무엇이든, 정말 무엇이든 할 수 있다는 걸 강렬한 실제 경험으로 체득한 사람이다. 밥은 이 아름다운 진실에 끊임없이 경이로움을 느낀다. 그리고 살아 있는 매 순간 최대한 많은 이를 일깨우기 위해 노력한다.

자신의 소명과 목표를 추구하는 그가 뭔가 우주적인 에너지와 연결된 것처럼 보이는가? 밥은 그 생각이 정확하다고 답할 것이다. 원한다면 누구든 그처럼 할 수 있다.

아직도 밥 프록터에게는 정의나 범주화가 불가능한 부분이 있다. 그의 과거나 경험, 성취로도 설명할 수 없는 희귀하고 값진 것들이다. 진실을 아는 이는 많다. 진실하게 사는 이도 많다. 하지만 다른 이에게 진실을 알리고 진실하게 살게 하는 사람은 거의 없다. 밥 프록터가 바로 그런 사람이다. 최근에 진행한 행사에 함께했던 한 참가자가 이를 완벽하게 표현했다. "수많은 위대한 인물이 수없이 같은 이야기를 합니다. 하지만 왠지 밥이 그 이야기를 하면 이해가 돼요. 그걸 믿게 됩니다."

나는 밥의 수많은 재능 중에서 이것이 가장 위대하다고

믿는다. 진실로 이 세상에 밥 프록터 같은 사람은 존재하지 않는다.

이 책의 글들은 밥을 가장 잘 표현한다. 책을 읽다 보면 복잡하기 짝이 없는 질문과 까다로운 개념을 단순하고 명확하며 이해하기 쉽게 농축하는 경이로운 능력을 목격할 것이다. 밥에게는 평범한 사건의 심오함과 일상적인 순간의 마법을 포착하고 표현하는 남다른 재능, 완벽한 순간에 정확한 방법으로 정확한 말을 꺼내는 묘한 능력이 있다.

밥은 '달칵' 스위치를 켜서 모든 것을 갑자기 깨닫게 해준다. 이것이 밥 프록터가 한 일이고 지금도 내게 해주는 일이다. 그는 전 세계에서 셀 수 없이 많은 사람에게 영향을 미쳤다. 당신이 밥을 인생에 들이는 순간 당신에게도 일어날 일이다.

책을 펼치고 바로 지금 시작하라. 이 책이 이끄는 곳을 사랑하게 되리라고 장담한다.

— 샌드라 갤러거Sandra Gallagher,

프록터 갤러거 인스티튜트 CEO, 공동 창립자

차례

The ABCs of Success

밥 프록터의

위대한 확언

성취 ✦ Achievement

올 A를 노려라

학교에서 올 A를 받았다는 건 한 해를 성공적으로 보냈다는 뜻이다.

비즈니스에도 같은 원칙이 적용된다.

올 A를 달성하면 항상 원하는 것을 얻을 수 있다. 의식Awareness과 수용Acceptance, 변화Alteration는 성취Achievement를 부른다.

첫 번째 A는 'Awarness(의식)'이다. 당신이 얻는 결과의 주요 원인을 알아야 한다. 겉으로 드러나는 현상에 항상 진실이 존재하는 건 아니다. 결과의 원인은 결코 외부에서 오지 않으며, 언제나 내부에서 비롯한다. 현재 당신이 삶에서 겪는 모든 결과는 잠재의식 속에 어린 시절부터 조건화

Conditioning(어떤 조건이나 자극의 영향으로 행동이나 반응이 학습되는 과정)된 것들이 외부로 표출되어 나타난 것이다.

행동이 결과를 만든다. 그리고 그 행동을 이끌어내는 것은 잠재의식 속 조건화다.

두 번째 A는 'Acceptance(수용)'이다. 결과에 따르는 책임을 받아들여야 한다. 결과를 스스로 온전히 책임지기로 하면 적절한 결정을 내릴 수 있다. 찬란한 미래는 이렇게 진실을 수용하는 것부터 시작한다.

잠재의식에서 일어나는 조건화를 결과의 원인으로 받아들이면 세 번째 A인 'Alteration(변화)'을 준비할 수 있다. 당신의 잠재의식은 유전적 조건화와 환경적 조건화를 스스로 변화시킬 것이다. 사실 지금 당신과 당신이 얻는 결과는 다른 누군가의 습관적인 사고방식에서 나온 산물이다. 이것을 필요한 만큼 조정하려면 오랜 시간 동안 공부하고 훈련해야 하지만, 그럴 가치는 충분하다.

기존에 형성된 조건화를 어떻게 변화시킬지 배우려고 투자하는 에너지는 제값을 톡톡히 할 것이다.

이 단순한 과정을 통해 당신은 이루고자 하는 모든 목표를 'Achievement(성취)'할 수 있다.

당신을 성취로 이끌 올 A를 다시 짚어보자. **결과의 원인을 스스로 의식하라. 그 결과의 책임을 수용하라. 조건화된 잠재의식을 변화시켜라.** 이 과정을 거치면 어떤 목표를 수립했든 달성할 수 있다.

올 A를 목표로 삼아라.

✦ ✦ ✦

성취하고자 하는 인간은 무엇도 막을 수 없다.
모든 장애물은 성취 근육을 발달시키는 과정에 불과하다.
이를 극복하면 성취 능력은 강해진다.

나는 힘든 일을 시도한다.
까다로운 성취를 제외하고는
아무런 가치도 존재하지 않기 때문이다.

행동 ✦ Action

악마가 가장 아끼는 것

나는 성공 철학의 전설적인 인물인 얼 나이팅게일Earl Nightingale과의 친분에서 많은 교훈을 얻었는데, 특히 그가 녹음한 메시지는 내 삶에 커다란 영향을 미쳤다.

메시지 가운데 아주 흥미로웠던 내용을 소개하려고 한다. 물건을 판매하는 악마의 우화였다. 오래된 우화가 대부분 그렇듯, 곰곰이 생각해 볼 만한 교훈이 들어 있다.

이 우화에서 악마는 자기 물건을 판매한다. 악마가 내놓은 상품은 질투의 검, 두려움의 단검, 증오의 올가미로 각각 나름대로 상당한 가격이 매겨져 있다.

하지만 특히 눈에 띄는 건 자주색 받침대에 올려둔 다 낡고 해진 쐐기였다. 이 물건은 판매하지 않는다. 악마가 가장 아끼는 자산으로, 이것만 있으면 사업을 계속할 수 있기 때문이다. 바로 '좌절의 쐐기'다.

악마가 낡고 오래된 좌절의 쐐기를 팔지 않을 정도로 귀하게 다루는 이유는 무엇일까? 그 이유는 **좌절은 인간을 나약하게 하고 사기를 꺾어 '행동하지 못하게' 하기 때문이다.** 증오나 두려움, 질투에 빠지면 미성숙한 사람들은 어리석은 행동을 하거나, 싸우거나, 도망친다. 하지만 적어도 행동은 한다.

반면 좌절은 이 모든 것보다 사람을 더욱 철저히 망가뜨린다. 좌절에 빠진 사람은 주저앉고, 스스로 불쌍하게 여기며 아무것도 하지 않는다. 이런 일은 있어선 안 된다.

그런데 안타깝게도 이런 일은 자주 일어난다. 좌절이 자기연민의 형태를 띠기 쉽다는 사실을 깨닫지 않으면, 우리 자신과 이 상황을 자세히 들여다보겠다는 결심을 하거나 불쾌한 상황을 벗어나려는 행동을 하지 않게 된다.

좌절을 해결할 답은 똑똑한 행동이다. 좌절이 당신을 무너뜨리기 전에 당신이 좌절을 무너뜨려야 한다. 악마는 이 쐐기 없이는 생존할 수 없겠지만 당신은 할 수 있다.

✦ ✦ ✦

행동에는 위험과 비용이 따른다.
하지만 그저 편하게 아무것도 하지 않을 때 맞닥뜨리는
장기적인 위험보다는 훨씬 덜하다.

행동은 망가진 것을 복원하고 자신감을 구축해 준다.
행동하지 않는 것은 두려움의
결과일 뿐만 아니라 원인이기도 하다.
당신의 행동이 성공을 가져올 수도 있고,
다른 행동이나 변화가 필요할 수도 있다.

하지만 행동하지 않는 것보다는 뭐든 하는 게 낫다.
어떤 의심이든 행동만으로 끝낼 수 있다.

생각에 행동을 더하라

성공적인 삶은 지식과 실천으로 구성된다. 이 두 가지가 분리되면 좌절과 실패만 남는다.

사랑하지 않으면서 사랑을 속속들이 알아봤자 결과는 처참할 뿐이다. 마찬가지로, 제대로 사는 법에 통달했으면서 아는 것을 매일 행동에 옮기지 않으면 참담한 결과가 뒤따른다.

자기계발 분야 베스트셀러는 대부분 긍정적인 사고를 다루지만, 안타깝게도 생각을 경험으로 바꾸는 방법에는 크게 신경 쓰지 않는다. 열반으로 가는 지도를 주면서 거기까지 가는 차량은 주지 않는 셈이다.

긍정적인 사고만으로 성공할 수 있다면, 적어도 95%의 사람들이 풍족한 삶을 누려야 한다. 목사와 교사는 건강과 부, 웰빙을 그대로 보여주는 사례일 것이다. 하지만 불행히도 이들 가운데 다수가 자기 말의 모순을 고스란히 드러낸다.

절반의 진실은 거짓보다 모호하다. 긍정적인 사고가 좋은 삶의 수단이라는 것이야말로 절반의 진실이다.

긍정적인 사고만으로는 결과가 나오지도, 목표를 실현할 수도 없다. 오히려 행동과 조화되지 않으니 좌절하기 쉽다. 음악을 긍정적으로 생각한다고 음악가가 되지는 않는다. 음악가가 되려면 실제로 노래하고 악기를 연주해야 한다.

긍정적인 사고의 힘은 긍정적인 행동으로 표현할 때 발휘된다. 사랑에 관한 생각은 사랑하는 것으로 성취된다. 기쁨에 관한 생각은 웃음으로 힘을 발휘한다. 행동이 없는 신념은 죽은 거나 마찬가지다.

학교에서는 무엇을 아는지보다 무엇을 하는지에 따라 학위를 수여해야 한다. 긍정적인 사고에 긍정적인 행동이 결합할 때 가장 강력한 효과가 발생한다.

✦ ✦ ✦

모든 행동의 원형은 생각이다.

차분하게 사색하고, 효율적으로 행동하라.
조용한 사색에서 훨씬 효과적인 행동이 나온다.

행동이야말로 지성의 진정한 척도다.

꿈을 꾸되 깨어 있어라

승리자들은 완전히 깨어서 살아 숨 쉰다. 우리는 이들이 매일같이 무엇인가 실현하는 모습을 목격한다. 진정한 승리자는 단순한 몽상가가 아니다. 이들은 꿈을 꾸되 실천한다. 꿈을 실현하는 것이다. 이들은 삶에 존재하는 수많은 기회를 다른 사람들에게 일깨우려고 끊임없이 시도하는 종지기다.

삶이 주는 보상을 받고 싶으면 승리자를 따라 하면 된다. 그들이 하는 대로 하면 결국 승리할 수 있다. 당신에게는 능력이 있다.

지금 원하는 대로 살지 못한다고 해서 낙담하거나 과거를 후회하지 마라. **오늘은 새로운 삶의 시작이다. 달력을 넘기면서 새로운 날이나 달로 넘어가듯이 머릿속에서 삶을 그렇게 넘길 수 있다.**

승리자의 말에 귀를 기울이자. 그들은 당신을 돕고 싶어 한다. 자기들이 있는 곳으로 오라고 당신에게 손짓한다.

승리자는 쉽게 알아볼 수 있다. 이들은 숨는 일이 거의 없다. 좋은 차를 몰고, 좋은 옷을 입고, 아름다운 집에 살며, 호화로운 휴가를 떠난다. 행복한 가족과 건강하게 살아간다.

이들은 역동적이면서 창의적이고, 위대한 아이디어를 실현하느라 항상 집중하고 있다. 승리자는 패배자의 비판에 정신을 팔거나 속도를 늦추지 않는다. 자기 꿈을 실현하고 다른 사람도 그렇게 할 수 있게 돕느라 바쁘기 때문이다.

✦ ✦ ✦

승리는 '언젠가'가 아니라 '항상' 하는 것이다.
어쩌다 한번 이기거나 어쩌다 한번 잘하는 게 아니라
늘 제대로 해야 한다. 승리는 습관이다.
안타깝지만 패배도 마찬가지다.

목표를 달성할 수 없음이 확실할 때는
목표를 수정하지 말고 행동 단계를 조정하라.

자신이 누구인지 알고 싶은가? 묻지 말고 행동하라.
행동이 당신을 설명하고 정의한다.

야망 ✦ Ambition

당신은 타고났다

스스로 타고난 목표 성취자라고 생각한 적 있는가? 혹시 없다면 앞으로 그렇게 생각해야 한다. 당신은 정말로 타고난 목표 성취자니까.

사람은 폐로 첫 숨을 들이마시는 순간부터 목표를 추구하기 시작한다. 당신은 선천적으로 삶의 질을 개선하도록 설계됐다. 누구나 어린 시절 처음으로 목표를 달성하면서 커다란 만족과 자부심, 기쁨을 느낀다.

첫 번째 목표는 먹을거리를 얻는 것이었다. 배불리 먹은 아기보다 더 행복해하는 사람을 본 적 있는가? 아기를 돌보는 초보 엄마의 얼굴에 떠오르는 것보다 더 큰 자부심과 기쁨을 본 적은?

기기나 말하기, 걷기 같은 다른 초창기 목표는 어떨까? 처음 단어를 말하거나 걸음을 내디뎠을 때 느낀 만족감은 곧 사라지고 불만이 시작된다. 단어를 조합하고 싶고 걸음을 이어가고 싶어진다. 이런 욕구는 목표가 된다. 목표를 하나하나 달성하면서 더 큰 만족과 자부심, 기쁨을 느끼지만 불만도 따라온다. 더 훌륭한 목표를 더 많이 달성하고 싶어진다.

인간은 자연스럽게 삶을 경험하고 싶어 한다. 풍성한 경험을 원한다. 또한 우리는 스스로 원하는 것은 뭐든 가져야 하고, 가질 수 있다. 처음에 목표를 추구하고 달성하게 만들었던 정신을 다시 불러일으킨다면 그렇게 될 것이다.

안타깝게도 너무 많은 이가 어렸을 때부터 지금 가진 것에 만족해야 한다는 말을 들어왔다. 그러면서 목표의 중요성과 목표 자체를 상실해 버린다.

절대로 만족해선 안 된다. 행복하되 만족은 금물이다. 불만족은 창의적인 상태다. 만족하지 않으면 동굴을 나가서 아파트에 들어갈 수 있다. 바퀴와 팩스, 보일러를 발명하게 된다. 불만족은 당신에게 온 세상이 부러워하는 생활 방식을 가져다준다.

삶에 건전한 불만족을 부여하자. 새로운 목표, 크고 흥미진진한 목표를 설정하라. 그다음 아기였을 때 알고 발휘했던 열정으로 하나하나 성취해 나가면 된다.

우리는 이것을 '살아 있다'라고 한다. 다른 모든 건 죽음이다.

✦ ✦ ✦

대단한 결과를 얻으려면 큰 야망이 필요하다.

큰 뜻을 품어라. 의연하게 행동하라.
가끔 혼자 남고 실패하더라도 견딜 각오가 필요하다.

계속 정진하라!
세상은 당신이 줄 수 있는 모든 것을 필요로 한다.

노력하고, 물색하고, 추구하라. 굴복하지 마라.

— 앨프리드 테니슨Alfred Lord Tennyson

태도 ✦ Attitude

인간에게 주어진 재능

대자연은 대부분의 피조물에게 훌륭한 재능을 부여했다. 우리가 '보호색'이라고 부르는 이 재능으로 사슴은 숲에 어우러지고, 물고기는 물줄기에 녹아들고, 새는 나무에 뒤섞인다. 하지만 한 중요한 생물은 이 재능을 받지 못했다. 인간이라는 생물은 어디에 가도 눈에 띈다.

나는 그 이유가 인간이 더 큰 선물을 받았기 때문이라고 생각한다. 당신과 내게는 주변 환경을 우리에게 맞출 수 있는 신과 같은 능력이 있다.

당신이 변하면 환경과 주변 상황도 바뀌면서 달라진 부분을 반영한다. 공동체가 비즈니스에 미치는 영향을 관찰하면 비즈니스가 공동체에 어떤 작용을 하는지 알 수 있듯이,

공동체가 한 사람에게 무슨 영향을 주었는지 알면 그 사람이 공동체에서 무엇을 하는지 판단할 수 있다.

사람을 둘러싼 환경을 주의 깊게 살펴보면 그 사람에 관해 많은 것을 알 수 있다. 일반적인 인식과 달리 사람은 생각만큼 환경을 반영하지 않는다. 환경이 사람을 반영한다. 사람이 개선되면 환경 역시 더 나은 방향으로 바뀌기 마련이다.

한 사람이 변화하는 모습을 지켜보자. 그 사람은 자연스럽게 예전 환경을 벗어나서 새로워진 자기 존재에 더 잘 맞는 새 환경을 물색할 것이다.

우리의 태도는 하루 동안 함께하는 환경과 같다. 태도는 우리가 스스로를 어떻게 생각하는지 분명히 보여주는 한편, 마음속으로 어떤 사람이 되기로 다짐했는지 드러낸다. 태도는 곧 미래의 우리 모습이다.

우리는 야생 물고기나 새, 동물을 바라보면서 대자연이 얼마나 절묘하게 이들을 감춰주는지 경이로움을 느낀다. 하지만 인간이 창의력이라는 위대한 재능을 타고났고, 누구나 이 능력을 키우고 활용할 수 있다는 사실에 감동하는 경우는 참 드물지 않은가?

✦ ✦ ✦

우리를 둘러싼 환경,
우리가 생활하고 일하는 세계는
태도와 기대를 반영하는 거울이다.

주어진 조건보다는
삶을 향한 당신의 태도가 인생을 결정한다.
인생은 당신에게 일어나는 일보다는
그 일을 바라보는 방식에 달려 있다.

'맞아'라는 말은 틀렸다

"그게 맞아.", "그 남자가 맞아.", "그 여자가 맞아." 매일 수많은 사람이 말한다. 우리는 한번 자기가 옳다고 판단하면 그에 대한 정당성을 방어하기 위해 막대한 에너지를 쓰게 된다.

하지만 상황을 객관적으로 바라보면, 사실 우리가 절대로 옳지 않다는 사실을 금방 깨달을 수 있을 것이다.

특정 방식이 좋을 수도 있다. 적절할 수도 있다. 심지어 다른 방식보다 나을 수도 있다. 하지만 '옳은' 방식은 아니다. **당신의 방법이 옳다고 믿는 순간 다른 방법은 모두 틀린 것이 되어 버린다. 이런 태도는 발전을 막고 창의력을 차단한다.**

여러분에게 다음과 같은 한 가지 조언을 하고 싶다.

다음번에 당신이 "그게 맞아." 혹은 "내 말이 맞아"라고 말한다면 곧바로 이렇게 정정하자. "그건 좋은 방식이고 그대로 실행할 거야. 하지만 더 좋은 방식이 있을 테니 찾아봐야겠어."

최초의 전화는 훌륭한 통신 방법이었다. 기존보다 낫고, 심지어 위대한 방식이기도 했다. 하지만 역사적으로 최초의 전화가 가장 좋은 통신 수단이 아니라는 건 자명하다. 오늘날의 전화 체계와 비교하면 형편없는 방식이기 때문이다.

이 개념은 건강 관리부터 비행기 여행에 이르기까지 우리가 하는 모든 일에 적용된다. 지금 몸담은 비즈니스나 산업에서 스스로 어떤 역할을 하는지 생각해 보자. 당신은 기존과 같은 방식으로 일을 처리하려는 덫에 걸리기 쉽다. 그것이 옳은 방식이라고 믿기 때문이다. 기존 방식이 효율적일지도 모르지만, 더 나은 길은 항상 존재한다. 사소한 수정 하나로 생산성이 100% 개선되기도 한다.

당신의 방식이 효과적이고 적절할 수 있지만 절대 '옳지는' 않다. 더 좋은 방식은 존재한다. 그걸 찾아라!

✦ ✦ ✦

타인에 대한 내 태도가
나에 대한 타인의 태도를 결정한다.

아무리 반복해서 실험해도
내가 옳다는 것은 증명할 수 없다.
하지만 틀렸다는 건 단 한 번 만에 증명할 수 있다.

진솔한 의견 차이는
발전으로 이어지는 긍정적인 신호다.

별것 아니다

우리는 불만이 생기면 흔히 공격적으로 반응한다. 약속 장소에 가려고 서두르는데 누군가 앞을 막고 운전하면, 경적이나 짜증 섞인 고함이 얄팍한 교양을 제쳐버릴 것이다.

공격성은 불만을 표현하는 직접적이고 일반적인 반응이지만, 이런 반응 자체가 또 다른 불만을 일으키기 쉽다. 특히 공격하는 대상이 타인일 때는 그런 경향이 강해진다. 상대가 그 반응에 응수하기 때문이다.

신호에 제대로 멈추지 않았다고 길가에 차를 세우게 하는 경찰관에게 화를 냈다가는, 경고만 하고 끝내려 했던 경찰관이 벌금 딱지를 끊기로 마음을 바꿀지도 모른다.

과거 심리학자들은 불만이 자동으로 공격성과 이어진다고 생각했다. 하지만 추가 연구에 따르면 이런 이론이 모든 사람과 모든 문화에 적용되지는 않는다고 한다. 공격성이 학습된 반응이라면 이를 없애고 조절 가능한 반응으로 바꿀 수 있다.

위대한 연극배우이자 영화배우인 앨릭 기니스Alec Guinness는 동료가 활용했던 훌륭한 방법을 대안으로 제시했다. 기니스는 동료 배우인 타이론 거스리Tyrone Guthrie에게도 모든 것이 어긋나기만 했던 시절이 있었다고 했다. 기니스에 따르면 거스리는 치통을 앓을 때도, 도로를 주행하다가 회사 소유의 의상을 모조리 잃어버렸을 때도 항상 이 말을 되풀이했다.

아주 단순한 말이었다. **"별것 아니다."**

틀림없이 당신도 동의할 것이다. 문제가 생겼을 때 이런 마음가짐으로 마주하면 많은 문제가 사라질뿐더러 문제와 함께 오는 불만도 사라진다.

오늘 제일 처음 맞닥뜨리는 문제에 이 원칙을 시험해 보자. 그냥 말하면 된다. "별것 아니다." 다시 크게 말해 보자. "별것 아니다."

✦ ✦ ✦

마음가짐이 올바른 사람이 목표를 달성하는 건
그 무엇도 막을 수 없다

마음가짐이 잘못된 사람을 도울 수 있는 것도

이 지구상에 존재하지 않는다.

모든 것을 빼앗아도

뺏을 수 없는 한 가지가 있다.

그것은 인간이 지닌 자유의 마지막 보루,

즉, 주어진 환경 안에서

자신의 태도를 선택하는 것이다.

그리고 자신의 길을 선택하는 것이다.

— 빅터 프랭클Viktor Frankl

의식 ✦ Awareness

거울로 둘러싸인 방

친구가 자기 상황을 털어놓은 적이 있다. 그리 유쾌한 이야기는 아니었다. 친구의 남편은 불만이 많았고 모든 사람과 상황을 비난했다. 어디에 가는 것도, 뭔가 하는 것도 싫어했다.

친구는 이렇게 말했다. "남편은 모두가, 만사가 자기를 거스르는 것처럼 행동해."

친구의 남편 이야기를 듣다 보니 몇 년 전에 읽었던 글이 생각났다.

그 글에는 마음이 거울 벽으로 둘러싸인 방과 같은 사람이 등장한다. 그 사람은 어느 쪽으로 고개를 돌려도 자신과 자신이 처한 상황만 볼 수 있다.

그는 상대성 법칙을 적용하지 못한다. 세상 사람들과 자기 삶을 비교할 수도 없다. 비교가 불가능하므로 자신이 호화롭고 영광스러운 왕처럼 살고 있을지라도 그 사실을 알 수 없다.

사실 이 남자의 편협한 태도는 자신만 생각하는 바람에 얻은 결과물이다. **마음속에 존재하는 거울 벽을 창문으로 바꾼다면 대부분, 아니 모든 문제를 해결할 수 있다.**

그러면 자신이 얼마나 다채롭고 흥미로운 사람과 기회로 가득한 매력적인 세상에서 살아가는지 깨달을 것이다. 이 세상에는 도전적인 일이 넘치고 갈 곳도 많아서 계속해서 바쁘게 움직여야 한다.

극도로 예민하고 성급하게 결론을 내리고, 부정적인 태도에 휩쓸리는 사람은 스스로 미숙하다는 사실을 드러내는 셈이다.

거울을 창문으로 바꾸면 이런 예민한 성격을 기민한 의식으로 전환하고, 부정적인 느낌은 창의적인 사고를 유도하는 자극제로 활용할 수 있다.

이런 변화는 행복과 마음의 평화, 보람찬 삶으로 이어질 것이다.

✦ ✦ ✦

한 인간이 태도를 바꾸기만 해도
미래를 바꿀 수 있다는 사실이야말로
우리 세대에 이뤄진 가장 위대한 발견이다.

긍정적인 행동을 하려면
긍정적인 시각을 키워야 한다.

의식한다는 건 단순히 존재하는 것을 넘어
알리고, 이해하고, 그 존재에 무엇이 더해졌는지
인식한다는 뜻이다.

변화 ✦ Change

오래된 오류는 낯선 진실보다 인기가 많다

인생에서 가장 바꾸고 싶은 게 무엇인가? 변화는 의식을 제한하는 지배적인 신념을 바꾸는 것에서 시작된다.

심리학자이자 철학자인 윌리엄 제임스William James는 내면적 사고를 바꿔야 변화가 시작된다고 말했다. 나는 내면이 변화해야 외부적 변화가 따라온다는 걸 경험으로 배웠다. 가장 소중하게 생각하는 신념을 바꾸면 의식이 변화하고, 결국 사람과 환경, 조건에 대한 반응을 바꿀 수 있다.

수백 년에 걸쳐 수많은 사람이 잘못된 신념을 다음 세대에 전달했다. 그것은 바로 남들보다 잠재력이 특별히 뛰어난 사람이 따로 있다는 이야기였다. 많은 이가 이 잘못된 신념 때문에 바깥에 얼마나 넓은 공간이 있는지 모르는 새장

속의 새처럼 살았다. 이 그릇된 확신은 자신이 얼마나 귀하고, 능력 있고, 특별한지 깨닫지 못하게 했다. 이런 오해에 물든 가련한 영혼들이 옛 독일 속담에 신빙성을 부여한다. "오래된 오류는 낯선 진실보다 항상 인기가 많다."

당신은 삶에서 바꾸고 싶은 건 뭐든 바꿀 수 있다. 삶은 흥미진진한 모험이 될 수 있고, 그렇게 돼야 한다. 앞으로 과거보다 더 많은 걸 얻고 싶다면 변화가 필요하다.

예전과 똑같은 행동으로는 삶을 개선할 수 없다.

결과와 변화의 상관관계에는 법칙이 존재한다. 행동에서 사소한 한 가지만 바꿔도 엄청난 결과로 이어진다는 것이다. 당신에게는 변화를 일으키고 삶을 책임지며, 온 힘을 다해 살아갈 잠재력이 있다. 지금 행동하라!

✦ ✦ ✦

아이의 잠재력을 해방하면
완전히 다른 모습으로 세상에 나갈 수 있다.
어떤 화가는 태양을 노란 점으로 바꾸지만,
다른 화가는 노란 점을 태양으로 바꾼다.

선택 ✦ Choice

당신 인생의 결정권은 오직 당신에게 있다

매일 세상 어딘가에서 정부는 국민의 성공과 행복을 위해 입법 기관을 설립하고 법을 제정하며 더 많은 규칙을 만들어낸다.

이 주제와 관련해서 시어도어 루스벨트Theodore Roosevelt 미 전 대통령이 오래전에 쓴 글을 공유하고자 한다.

한 인간이 보편적인 성공의 전제 조건인 노력과 날카로운 지성, 불굴의 의지를 발휘하지 않고도 성공할 수 있게 하는 법은 지금껏 제정된 적 없고, 앞으로도 없을 것이다.

가만히 앉아서 정부가 우리에게 뭔가 해주기만 기다리는

건 어리석은 일이다. 정부가 아무것도 바꿀 수 없다는 뜻이 아니다. 실제로 정부는 큰 변화를 수없이 일으켰다. 하지만 정부가 해줄 수 없는 일도 많다.

C

세상에는 자신을 위해, 본인만 할 수 있는 일이 존재한다.

예를 들어 당신만이 제대로 일하고, 하는 일에 온 능력을 쏟아부으며 최선을 끌어내겠다고 결심할 수 있다.

오직 당신의 결정에 따라 지성을 활용하고, 긍정적이고 건설적으로 생각하며, 이런 생각에 따라 삶을 꾸려나갈 수 있다.

타인의 의견과 대중의 수군거림에 흔들리지 마라. 수그러들지 않는 의지를 키우고 스스로 선택한 일을 성공적으로 마무리할 때까지 집중하는 건 당신의 선택이다.

루스벨트의 조언을 따르면 틀림없이 상상했던 수준을 훌쩍 넘어서는 행복과 성공을 얻을 수 있다.

미국의 로켓 공학자 베르너 폰 브라운Werner von Braun은 달에 로켓을 보내려면 무엇이 필요하냐는 질문에 이렇게 대답했다. "그렇게 하려는 의지가 필요합니다." 이 말은 당신이 선택하는 어떤 목적지든 도달할 수 있게 도와준다. 행복과 성공은 당신이 당신 자신에게 주는 선물이다.

✦ ✦ ✦

오늘 삶을 바꿔라.

미래의 요행을 바라지 말고,

미루지 말고 지금 행동하라.

노력하지 않으면서

기도가 닿길 바라는 건 허사다.

모든 문제는 정신적인 것이다

레이먼드 홀리웰Raymond Holliwell은 저서 『법칙과의 조화Working with the Law』에서 우리의 문제는 철저히 정신적이라고 주장한다. 문제는 문제 외부에 존재하지 않으며, 광범위하고 정확한 분석을 통해 거의 모두 없앨 수 있다는 사실이 드러났다.

홀리웰은 당신과 나의 모든 관점에 적절하고 타당한 이유가 있어야 한다고 말한다. 이런 이유를 찾다 보면 오래된 시각은 대부분 무너져 버린다. 무엇을 왜 하는지 확신한다면 분명하고 확고한 근거를 갖춰야 한다.

대단히 훌륭한 조언이다. 또 다른 작가도 근본적으로 같은 말을 했다. "모른다고 사람이 다치지는 않는다. 사실을 잘못 알 때 다친다." 맞는 말이다. 우리는 대부분 거짓된 개념을 신뢰한다.

캐나다 신문 《토론토 스타Toronto Star》에서 성인 1003명이 생각하는 삶의 스트레스 요인에 관한 갤럽 설문 조사 결과를 발표했다. 이에 따르면 50세 이하의 성인 가운데 50%가 넘는 사람들이 문제의 원인을 돈과 직장이라고 생각한다고 한다. 이 사람들은 홀리웰의 충고에 따라 자기 신념을 다시 점검해봐야 한다. 그러면 스트레스가 훨씬 줄어들 것이다.

돈과 직장은 절대로 스트레스의 주요 원인이 아니다. 생각, 특히 부정적인 생각이 스트레스를 일으킨다. 모든 문제의 진정한 원인은 상황이나 환경이 아닌 우리 생각에 존재한다.

당신과 내게는 생각을 바꿀 힘이 있다. 이렇게 선택하는 능력이야말로 우리의 가장 강력한 힘이다. 스트레스를 받는다면 의도적으로 느긋해져라. 당신의 문제를 남처럼 바라봐야 한다. 그다음 해결하기 위해 행동하라. 바로 지금!

✦ ✦ ✦

자기 문제를 자기 것으로 받아들이는 때가
인생에서 가장 좋은 시기다.
어머니나 생태계, 대통령을 탓하지 마라.
자기 운명은 스스로 통제해야 한다는 사실을
깨달아야 한다.

우리의 운명을 쥔 건 별이 아니라 우리 자신이다.

먼저 생각하라.
그다음에는 생각을 구상과 계획으로 체계화하라.
그리고 계획을 현실로 바꿔라.
당신도 알게 되겠지만, 모든 건 생각에서 시작한다.

'해야 한다' 대신 '하기로 선택'할 수 있다

"해야 한다"라는 말을 하루에 몇 번이나 하는가? 한 번 세어보자. 장담하건대 아침에 일어나서 잠자리에 들기 전까지 최소한 100번은 하거나 들을 것이다.

차를 수리해야 한다. 쇼핑해야 한다. 일을 해야 해서 집에서 저녁을 못 먹는다. 사실 정말 원한다면 저녁을 먹으러 집에 갈 수 있다. 당신이 일하기를 선택했을 뿐이다.

'해야 하는' 일은 없다. 당신이 하는 일은 모두 스스로 선택한 결과다.

아마 지금 이런 생각이 들 것이다. '잠깐만요, 누구나 꼭 해야 할 일이 있는 건 사실이잖아요. 세금은 내야죠.' 그러나 생각해 보자. 세금을 꼭 내야 하는 건 아니다. 감옥이나 면세 지역으로 간다는 선택이 존재한다. 터무니없이 들리겠지만 사실이다.

J. 마틴 코헤J. Martin Kohe는 『당신의 위대한 힘Your Greatest Power』이라는 위대한 책을 썼다. 이 책에서는 선택을 다룬다. 당신의 가장 위대한 힘은 선택하는 능력이다. 사실 이 능력

은 인간과 동물을 구분하는 기준이기도 하다.

어디로 가라거나 뭔가 하라고 요청받고서 그래야겠다고 느꼈을 때가 몇 번이나 있는가? 안 해도 된다. 당신에게는 선택할 능력이 있다. 거부해도 된다는 뜻이다.

'안 돼No'라는 말이 완전한 문장이 될 수 있다는 사실을 아는가? 직접 단호하게 안 된다고 하기보다 다른 것을 선택했다고 조금 돌려 말해도 괜찮다. 이 또한 오로지 당신의 선택에 달렸다.

진지하게 생각해 보자. 인생은 짧다. 선택하지 않은 일을 하거나 그런 곳에 가느라 시간을 허비하기에는 지나치게 짧다. 많은 이가 싫은 일을 계속한다. 왜일까? 또 다른 짧지만 완전한 문장 '그만둔다I quit'가 인생을 바꿀 수 있다.

모든 건 당신에게 달렸다. 멋진 하루를 보내겠다고 선택하라! 오늘 나는 그러기로 선택했다.

✦ ✦ ✦

당신 앞에 펼쳐진 축복 중에서
하나를 선택하고 만족하라.

자유인의 역사는 우연이 아니라

바로 그들의 선택에 따라 쓰였다.

자유는 우리가 버릴 수 있는 것의 숫자로 측정된다.

상황 ✦ Circumstance

갈 곳은 스스로 결정하라

예전에 갔던 곳, 지금 있는 곳, 그리고 앞으로 갈 곳. 모두의 삶에서 가장 중요한 3단계다.

과거와 현재에 했던 흥미진진한 경험을 마음속으로 뒤섞으면 미래를 바라보는 색다른 시각을 개발할 수 있다. 반대로 정신적으로 깨어 있지 않으면 이 과정이 뒤집히기 쉽다. 과거의 유쾌하지 않은 경험이나 실패를 곱씹다 보면 현재의 부정적인 상황밖에 보이지 않는다. 이런 생각은 자동으로 부정적인 태도를 키우고 미래를 위한 생산적인 계획을 세우지 못하게 방해한다. 과거의 경험과 현재의 상황은 우리가 자발적으로 주지 않으면 전혀 힘을 갖지 못한다.

예전에 자주 갔던 곳을 매일 찾아가서 과거의 성취와 성공, 삶에 큰 기쁨을 가져다준 경험에 정신적인 에너지를 쏟으면, 당신을 둘러싼 기회가 모두 보일 것이다. 긍정적 상황이 하나씩 떠오르고 지금 당신이 있는 곳이 매우 흥미진진해진다. 이런 느낌과 현재 상황을 마음속으로 섞으면 미래를 향한 역동적인 비전을 억누르기 힘들어진다.

예전에 갔던 곳, 지금 있는 곳, 앞으로 갈 곳을 생각하자. 이 3단계는 대단히 중요하다. 멋진 조합을 창조해 보자.

내가 아는 성공한 사람 중에는 자기가 성취한 기록을 모은 '성공 목록'을 쓰는 사람이 많다. 이들은 이 목록을 가지고 다니면서 꾸준히 읽는다. 당신도 시도해 보기 바란다. 그다음 뒤를 돌아보면 틀림없이 아름다운 그림이 펼쳐질 것이다.

✦ ✦ ✦

당신은 언제든지 자유롭게 마음을 바꾸고
다른 미래나 과거를 선택할 수 있다.
삶은 과거와 현재, 미래라는 세 단계로 나뉜다.
과거를 통해 배워서 현재에서 이득을 얻고,
현재의 교훈을 발판으로 미래에 더 나은 삶을 살아라.

피드백을 활용해 직관을 개발하라

누구에게나 보통 '육감'이라고 일컫는 정신적 능력, 즉 직관이 존재한다. 직관은 타인의 기분과 생각, 진동, 느낌을 알아차리게 하는 예리한 정신적 도구다.

말하자면 '본능적인 느낌'인 셈이다.

누구에게나 직관이 존재하며 연습을 통해 이 능력을 개발할 수 있다.

능력 있는 판매원과 형사, 세관원은 직관이 대단히 예민하게 발달해 있다. 능력이 있는 이유도 그 때문이다. 이들은 타인이 하는 말을 그냥 흘려듣지 않고 훈련을 통해 말에 존재하는 에너지를 알아차린다.

아마 당신도 살아가면서 한 번은 겪었을 것이다. 누군가 당신의 눈을 들여다보면서 사랑한다고 했을 때를 떠올려 보자. 당신은 상대가 거짓말한다는 사실을 알아차린다. 혹은 사랑하는 사람에게 뭔가 안 좋은 일이 있다는 걸 감지하지만 상대는 다 괜찮다고 한다. 시간이 흐르고 나서야 사실 아주 심각한 문제가 있었다는 사실이 드러난다.

이렇게 말하지 않은 메시지를 알아채는 건 직관력 덕분이다.

직관력을 키우고 자신 있게 활용하려면 피드백을 받아야 한다. 사이가 좋은 사람들을 만날 때마다 피드백을 요청하라. 상대가 뭔가 생각하는 눈치라면 직접 물어보자. 직관을 통해 그 사람에게서 나오는 진동(느낌)을 감지할 수 있다.

당신과 아주 가까운 사람이라면, 상대가 말로 표현하기도 전에 무엇을 생각하는지 감이 올 때가 많다.

사람은 실제 생각과는 다른 이야기를 하곤 한다. 하지만 진동은 거짓말하지 않는다. 연습하면 언젠가 듣는 말보다 전해지는 진동에 더 집중하는 단계에 도달할 수 있다.

직관은 그 무엇보다 값진 정신적 도구다. 의식해서 활용해 보자. 노력할 가치가 충분한 보상이 뒤따를 것이다.

✦ ✦ ✦

인생은 짧으니 타인의 삶을 사느라
시간을 허비하지 마라.
타인이 생각하는 대로 살아야 한다는
도그마에 갇혀선 안 된다.
남의 의견이 내는 잡음이
내면의 목소리를 가리게 하지 마라.
용기를 내서 자신의 마음과 직관을 따르는 것이
무엇보다 중요하다.

— 스티브 잡스 Steve Jobs

귀 기울여 듣는 것이 최고의 찬사다

의사소통을 잘하기 위해 꼭 필요한 자산을 한 가지 골라야 한다면, 나는 듣는 능력을 고를 것이다. 경청은 기묘하면서도 매력적이고 창의적인 힘이다. 사람들은 자기 말에 귀를 기울이는 사람과 가까워지고 싶어 하고 함께하려 한다.

사람들은 누군가 자기 말에 귀를 기울일 때 자극을 받고, 능력을 펼치며 뻗어나간다. 실제로 내면에서 아이디어가 성장하고 살아 움직이기 시작한다. 경청은 사람을 행복하고 자유롭게 한다. 경청할 때 우리는 교차하는 에너지 흐름에서 힘을 얻고, 서로에게 결코 싫증 나지 않는다.

자기 말에 귀를 기울여 달라고 하는 사람에게 조언을 건넨다면 부탁을 무시하는 셈이다. 조언하는 순간부터 상대의 기분은 짓밟히기 시작한다.

언제 마지막으로 자녀나 배우자, 직장 동료에게 집중하면서 진정으로 귀를 기울였는가? 제대로 된 경청은 온갖 약보다 더 많은 병을 치료한다고 한다.

오늘부터 제대로 경청해 보자.

듣기와 경청이 다르다는 사실을 기억하라. 듣기는 귀로 한다. 경청은 마음으로 한다. 상대의 처지를 이해하기 전까지는 뭔가 얻으려는 생각이나 의견은 배제하고 당신을 온전히 내줘야 한다.

우리는 적극적으로 귀를 기울이면서 찬사를 표현한다. 귀뿐만 아니라 눈으로도 활발하게 들어야 한다.

직관적 요소를 동원하여 들어라. 몸짓 또한 적극적 경청의 표현이다.

누군가 하는 말을 적극적으로 경청한다는 것 자체가 최고의 찬사다. 상대의 생각이 중요하다고 믿는다는 메시지를 보내는 것이기 때문이다.

✦ ✦ ✦

현명한 사람은 올바른 답을 하기보다
올바른 질문을 던진다.

사람들은 대부분 남의 말을 듣지 않는다.
하지만 나는 경청하는 게 좋다.
주의 깊게 들으면서 많은 것을 배웠다.

보상 ✦ Compensation

받는 것보다 더 많이 일하라

지금 당신은 받는 돈보다 더 많은 일을 하는가? 이 질문에 대한 대답은 '정말 그렇다' 혹은 '절대 아니다' 둘 중 하나다.

이 개념에 중도는 없어 보인다. 만약 당신이 '정말 그렇다'라고 대답한다면, 안타깝게도 상당히 많은 노동 인구가 당신에게 정신과 치료를 받으라고 권할 것이다. 하지만 이들이 어떤 위치인지 확인해 보라. 잘못된 방향으로 가면서 속도를 높이고 있을 가능성이 매우 크다.

이들의 입지는 좁아지고 있다. 이들은 받는 돈보다 많은 일을 하는 건 불합리하기 짝이 없다고 생각한다. '돈을 더 주면 일하겠다'는 법칙이 이들의 행동을 지배한다.

하지만 경제는 그런 식으로 굴러가지 않는다. 시스템에는 이렇게 명시돼 있다. '일하라. 그러면 돈을 받는다.'

받는 것보다 더 많이 산출하는 근로자나 비즈니스는 고용주와 고객 양쪽에서 항상 보상받는다.

요금보다 더 많은 것을 주는 식당이나 휴양지가 있으면 사람들은 반복해서 그곳을 방문한다. 풍성한 서비스를 제공하는 판매원이 일류 판매원이다. 직원이 시계를 보지 않고 일에 온 힘을 쏟아부으며 거부하는 법 없이 늘 더 많이 일하면 순조롭게 승진하고 훌륭한 보상을 받는다. 그 회사가 아니더라도 그 직원을 원하는 다른 회사가 그렇게 해준다.

당신은 어떤가? 본인이 어떻게 행동하는지 생각해 보자. 조금 더 내줘라. 놀랍고도 유쾌한 보상이 뒤따를 것이다.

✦ ✦ ✦

사람들은 발명품의 금전적 가치가
자기 일을 사랑하는 발명가의 보상이라고 생각하지만,
나는 늘 세상이 말하는 성공보다 앞선 과정에서
가장 큰 기쁨을 얻는다. 그러니 이것이 나의 보상이다.

자신감 ✦ Confidence

C

자신감의 세 가지 종류

몇 년 전에 자신감에 관한 글을 쓴 적이 있다. 자신감에는 세 가지 유형이 있지만 그중 적절한 것은 하나뿐이라는 글이었다.

제대로 된 자신감을 구축한 사람은 행복하게 사는 모습을 보인다. 동료들은 이들을 존경하고 존중한다.

자신감의 세 가지 유형 중 첫 번째인 잘못된 자신감은 비생산적이다. 이러한 잘못된 자신감을 지닌 사람들은 자존감이 낮다. 하지만 인정받고 싶고 성공하고 싶은 욕망 때문에 허세를 부리게 된다. 스스로 일에 능숙하지 않다고 생각하면서도 남들은 잘한다고 믿어주길 바란다.

두 번째 자신감은 실제 자신감의 일종이지만 안타깝게도

삶이 주는 진짜 기쁨을 선사하지는 못한다. 이런 자신감을 가진 사람은 잘하는 일을 하고 본인도 그 사실을 알지만, 다른 모두에게도 이 사실을 꼭 알리려 한다. 이런 자신감은 곧 자만심으로 바뀐다.

진정한 승자에게는 고귀한 자신감이 있다. 이들은 자기가 잘하는 일을 하며 왜 그 일을 하는지도 안다. 이 운 좋은 사람들은 내면의 무한한 힘을 인식한다. 이들은 그저 우리의 위대한 정신에 자신이 원하는 일을 이미지로 새겨두기로 선택했을 뿐이다.

위대한 성취자들은 이런 고귀한 자신감을 키웠다. 오랜 기간에 걸쳐 연구하고 스스로 원칙을 지킨 결과다. 이들에게는 행복과 건강, 풍요로움이 보상으로 주어진다.

고귀한 자신감을 갖췄다면 당신은 운이 좋은 사람이다. 그렇지 않다면 자신을 알아보기 시작하라. 틀림없이 자신감을 키울 수 있을 것이다.

자신감은 충만한 삶의 필수 요건이다.

✦ ✦ ✦

보이지 않는 것을 믿는 것이 신념이다.
그러면 믿는 것을 볼 수 있다.

C

안전한 곳을 벗어나라

자신감은 지식에 지나지 않는다. 다시 한번 말한다. 자신감을 얻고 싶으면 정보만 있으면 된다.

이렇게 생각해 보자. 어떤 일을 5000번 성공하면 스스로 할 수 있다는 걸 깨닫는다. 그리고 자신감이 생긴다.

예전에 해 본 적 없다는 건 '모른다'는 뜻이다.

이런 지식이 없으면 의심이 샘솟는다. 자신감을 얻고 싶으면 스스로 어떤 능력이 있는지 알아봐야 한다. 위험을 감수하고 현재 능력을 최대한 발휘해 새로운 일을 시도해 보면, **시도 자체가 제일 중요하다**는 사실을 깨닫게 된다. 한번 시도한다고 해서 세상이 끝나지는 않는다는 걸 알게 될 것이다. 자신감을 키우는 기반은 안정감과 평화가 아니라는 사실도 알 수 있다.

시도조차 하지 않으면 자기 능력에 훨씬 못 미치는 삶을 살기 마련이다. 자기 회의는 점점 심각해지는 질병이다. 위험을 감수하지 못하면 자신감을 얻기 어려워진다. 결국 성장할 기회를 잃어버리고 삶의 안전망으로 만족하는 구렁텅이에 빠진다.

이런 패턴을 안전망 증후군이라고 한다. 여기 빠지면 안전지대에서 벗어나기를 거부하게 된다. 무엇이든, 어떤 식으로든 안정과 안전을 위협하는 일은 시도하지 않는다.

한 번도 해보지 않은 일을 마지막으로 시도한 때가 언제인가? 성장할 기회에 마지막으로 놓인 적은?

위험을 감수하고 성공하면 자신의 능력을 최대한 발휘하면서 그 능력이 어느 정도인지 파악하는 선순환을 창조할 수 있다.

모험해 보자. 그러면 자신감이 더 강해진다. 당신에게는 놀라운 잠재력이 있다. 전력을 다하고, 원하는 모든 것을 이뤄라!

✦ ✦ ✦

자신감이 없으면 인생이라는 경주에서 패배한다.
자신감이 있으면 시작하기도 전에 승리할 것이다.

용기는 대부분 예전에 그 일을 해본 경험에서 나온다.

우리는 뭔가 경험할 때마다 발생하는
두려움을 외면할 때 힘과 용기, 자신감을 얻는다.
할 수 없다고 생각하는 바로 그 일을 해야 한다.

용기 ✦ Courage

횃불을 들고 뛰어라

시어도어 루스벨트는 두 번 결혼해서 여섯 명의 자녀를 얻었다. 그중에 둘은 딸이고 둘은 아들이었다. 가장 어린 아들 쿠엔틴Quentin은 1918년 1차 세계대전 당시 프랑스에서 벌어진 공중전에서 사망했다. 당시 겨우 21살이었다.

루스벨트는 직접 아들의 묘비명을 썼다. 진실이 가득 담긴, 당신과 내게 영감을 주는 글이다.

그는 아들의 묘비에 이렇게 적었다. "죽음을 두려워하지 않는 사람만 살아갈 자격이 있으며 삶의 기쁨을 꺼리는 사람에겐 죽을 자격이 없다. 삶과 죽음은 똑같이 위대한 모험이다. 봉사하는 사람, 희생할 준비가 된 사람은 모두 횃불을

든 성화 봉송 주자다. 우리는 쓰러질 때까지 횃불을 들고 달릴 테고, 다른 주자의 손에 넘길 수 있다면 만족할 것이다."

C

이 정의에 따르면 루스벨트와 그 아들은 모두 횃불을 들고 달렸다.

당신은 어떤가? 당신도 횃불을 들었는가?

충만한 삶을 살고 싶다면 횃불을 든 성화 봉송 주자가 되어야 한다. 이들은 항상 먼저 행동하며, 타인을 생각하고 도와준다. 아들 쿠엔틴 루스벨트는 21세, 아버지 시어도어 루스벨트는 61세에 사망했지만 두 사람 모두 충만하고 흥미진진하며 역동적인 삶을 살았다. 그들의 기록을 들여다보면 알 수 있다.

두 사람의 삶은 수많은 이에게 모범이 됐다. 당신의 삶도 그럴까? 횃불을 들지 않았다면, 오늘 들어라. 경이로운 보상이 뒤따를 것이다.

✦ ✦ ✦

행동하지 않으면 의심과 두려움이 생긴다.

행동하면 자신감과 용기가 솟는다.

두려움을 극복하고 싶으면 집에 앉아서
생각만 하지 말고, 나가서 바쁘게 발로 뛰어라.

용기 없이는 이 세상에서 아무것도 할 수 없다.
용기는 명예 다음으로 위대한 정신적 가치다.

승리하려면 최소한 한 번은 싸워야 한다.

두려움을 잠깐 참으면 용기가 된다.

직접 하지 그래요

나는 1980년에 캘리포니아에서 애틀랜타로 이사했다. 어느 일요일 아침, 잠에서 깼을 때 문득 교회에 가기로 결심했다. 어느 교회에 갈지 특별히 정하진 않았기에 전화번호부를 들여다보면서 가장 가까워 보이는 곳을 골랐다.

그 주소지 부근에 도착했지만 교회가 보이지 않았다. 3만 6000제곱미터쯤 되는 눈부신 공간에 크고 아름다운 흰색 건물이 서 있을 뿐이었다.

주변에 있던 사람에게 다가가서 교회로 가는 방향을 알려달라고 부탁하자. 그는 활짝 웃으며 대답했다. "여기예요. 여기가 교회예요."

나는 응접실과 비슷한 공간으로 안내받았다. 그 방에는 50개 정도 되는 의자와 작은 연단이 있었다. 상당히 일찍 오는 바람에 방에는 나와 가구뿐이었다.

그러다 방이 곧 가득 찼다. 숫자는 적지만 훌륭한 성가대와 목사가 입장하면서 오래된 응접실은 덥고 혼잡해졌다. 하지만 목사의 설교는 훌륭했다. 듣는 이에게 생각할 거리를 던지는 설교였다. 내가 교회를 떠날 때 제이 디시먼Jay Dishman 목사는 출구에서 나를 배웅했다. 그 덕에 따뜻하게 환대받은 느낌이었다.

다음 주에 다시 교회에 갔을 때는 무척 감동적이었다. 디시먼 목사는 나를 기억했을 뿐만 아니라 내 이름도 불렀다. 나는 교회를 나가면서 훌륭한 설교에 찬사를 보냈나. 그리고 질문했다. "이렇게 붐비지 않고 더 많은 사람이 설교를 들을 수 있게 교회를 새로 짓는 게 어때요?" 그러자 그는 내 눈을 똑바로 보면서 대답했다. "직접 하지 그래요?"

나는 마음이 상당히 불편한 채로 집에 왔다. 하지만 교회로 되돌아가서 그 도전장을 받아들였다.

우리는 100만 달러가 넘는 돈을 모금하여 교회를 지었다. 최근에 디시먼 목사는 세상을 떠났고 나는 우리가 지은 교회에서 추도예배에 참석했다. 친구를 잃었지만 많은 추억이 남았다. 우리가 교회를 지었다는 사실을 떠올리면 얼마나 뿌듯한지 모른다.

뭐 하러 다른 사람을 기다리는가? 당신이 직접 해라.

✦ ✦ ✦

마냥 기다리면서 무슨 일이 생기는지 두고보지 말고,
올바른 일을 실현하겠다는 투지를 발휘해라.

행동하라. 기회를 포착하라.

창의성 ✦ Creativity

내면의 목소리

스스로 창의적인 사람이라고 생각하는가? 그렇다면 당신은 운이 좋다. 그리고 그 판단은 정확하다.

운이 좋은 이유는 많은 이가 창의적인 사람은 따로 있다는 잘못된 믿음에 빠져 있기 때문이다. 정확한 이유는 실제로 당신이 창의적이기 때문이다.

여기 아름다운 진실이 존재한다. 사람은 모두 창의적이다. 여러 사람의 행동이나 대화를 보면 대부분이 딱히 창의적으로 보이지는 않지만, 겉모습에 항상 진실이 있는 건 아니다.

창의성이라는 개념을 연구해 보자. 다른 사람은 가만히 있을 때, 소수의 엄선된 사람들이 창의적 잠재력을 키웠다는 사실을 금방 알 수 있다.

만약 당신이 그 잠재력을 개발하지 않고 있다면 당장 시작하라.

누구나 더 충만한 삶을 추구한다. 내면에 더 위대하고 밝은 활력이 깃들고 주변의 제약이 줄어들길 바란다. 우리의 창의적 능력을 통해 이런 충만함과 활력을 누릴 수 있다.

다수를 따라가는 사람은 다수보다 멀리 가지 못한다는 사실을 기억해야 한다. 창의적인 길을 가는 사람은 아무도 가지 못한 곳에 도달한다.

하지만 창의성에는 항상 고난이 뒤따른다. 남들과 다르면 비난이 따라오기 때문이다. 당신이 시대를 앞서간다면, 안타깝게도 사람들은 언젠가 당신이 옳다는 걸 깨닫고서 그 사실이 처음부터 당연했다고 말할 것이다.

우리는 살면서 두 가지 선택에 맞닥뜨린다. 주류에 녹아들 수도 있고, 홀로 돋보일 수도 있다. **돋보이려면 달라야 한다. 달라지려면 다른 누구도 아닌 당신만 가능한 존재가 되려고 노력해야 한다.**

타인의 의견에 지나치게 신경 쓰지 마라. 내면의 조용하고 창의적인 목소리를 따르자.

✦ ✦ ✦

창의성의 본질적 특성은

실패를 두려워하지 않는 데 있다.

길이 이어지는 곳에 가지 말고,

길이 없는 곳을 가며 자취를 남겨라.

결정 ✦ Decision

결정해야 움직인다

이런 말을 들은 적이 있다. 당신이 실수를 저지르더라도 세상은 당신을 용서할 것이다. 하지만 결정을 내리지 않으면 삶이 용서하지 않을 것이다.

나는 내면의 힘을 다룬 글에서, 이 힘을 키울 때 무엇보다 의사 결정이 중요하다는 말은 거의 보지 못했다.

결정이 두려운 이유는 실수가 두렵기 때문이다. 소설가 올더스 헉슬리Aldous Huxley는 "실수에 대한 두려움은 실제로 실수를 저지르는 것보다 더 큰 영향을 미친다"고 썼다.

노트를 꺼내서 매일 당신에게 영향을 주는 세 가지 주제를 적어 보자.

1. 지금 당신은 어디에 있는가

2. 당신은 어디로 가고 싶은가

3. 그 격차를 줄이려면 어떤 단계가 필요한가

D

이 과정을 통해 당신이 꼭 해야 하는 결정을 대면할 수 있다. 다른 결정과 마찬가지로, 여기에는 일어날 수 있는 최악의 상황과 최고의 상황이 존재한다. **각 상황을 적은 다음 최악의 경우에는 어떻게 해야 할지 자문해 보자. 최고의 상황이 실현되면 삶이 얼마나 아름다울지도 생각해 보자.**

이 방법으로 당신이 감수해야 할 위험이 줄어들지는 않는다. 하지만 행동을 대비하는 마음가짐과 생산적인 태도를 얻을 수 있다. 꼭 제거해야 할 장애물을 인식하는 데도 도움이 된다.

크게 성공한 인물들을 수없이 연구한 결과 다들 빠르게 결정하고, 결정을 바꿀 때는 천천히 변경한다는 사실이 드러났다. 내면의 힘은 결정에 따라 행동으로 바뀐다.

✦ ✦ ✦

행동의 재료가 바뀌더라도 꾸준히 활용해야 한다.

— 에픽테토스Epictetus

결정을 내려야 하는 순간마다
당신이 할 수 있는 최선은 올바른 일을 하는 것이고
차선은 잘못된 일을 하는 것이며,
최악은 아무것도 안 하는 것이다.

내 결정을 남들이 비난할 때

존 F. 케네디John F. Kennedy가 대통령에 취임하기 전날, 전임 대통령이었던 아이젠하워는 그에게 미국 대통령으로서 쉬운 일이 아무것도 없을 거라고 말했다. 풀기 쉬운 문제였으면 다른 이가 풀었을 거라고도 했다. 설마 그렇겠냐고 말했던 케네디는 나중에 그 말이 사실이었다는 걸 깨닫는다.

에이브러햄 링컨 미 전 대통령은 이 교훈을 100년 전에 얻었다. 링컨은 예사로운 사람이 아니었다. 그는 무척 평범한 삶을 살다가 중요한 결정을 해야 하는 자리에 올랐다.

링컨은 책임을 져야 하는 자리에서 중요한 결정을 내려야 할 때, 기회만 있으면 수많은 비판이 쏟아진다는 사실을 깨달았다. 이런 일은 비판자들이 동의하지 않는 결정을 할 때마다 발생한다.

어느 날 친한 친구가 링컨에게 비판자들의 공격이 거슬리지 않냐고 질문했다. 그의 대답은 훌륭했다. 어려운 결정을 하고 공개적으로 비판받을 때 이 말을 기억하자.

"내게 쏟아지는 모든 공격을 이해하고 대답까지 하려 했다가는 이 가게는 문을 닫고 영업을 중단해야 한다. 나는 아는 만큼, 할 수 있는 만큼 최선을 다한다. 마지막까지 그럴 생각이다. **결국 내가 옳았다는 사실이 드러나면 나를 공격했던 말은 무가치해진다. 만약 마지막에 가서 내가 틀린다면, 일만 명의 천사가 내가 옳다고 맹세한들 아무 소용없다."**

얼마나 훌륭한 자세인가. 앞으로 당신이 어려운 결정을 내리고 비판자들에게 공격받을 때 참고해야 할 훌륭한 조언이다.

✦ ✦ ✦

결정해야 하는 단계에
문제 해결 단계를 끌어들이지 마라.
그랬다가는 해결책보다는 문제에 굴복하게 된다.

궁극적으로 인간이 진보하려면
그날그날 성실하게 일하고, 성실하게 결정하고,
너그럽게 말하며, 선행을 베푸는 수밖에 없다.

관리는 일을 올바르게 하는 것이다.
리더십은 올바른 일을 하는 것이다.

성공에서 가장 중요한 두 가지 요소

너무 오랫동안 많은 사람이 비즈니스에 성공하려면 보통 이상의 지능이 필요하다고 믿었다.

지능이 뛰어나서 손해 본다고 생각하는 사람은 없지만, 그렇다고 해서 계속 성공한다는 보장도 없다는 사실을 기억해야 한다.

성공에 있어 지능이 그토록 중요한 요소라면, 왜 수많은 똑똑한 사람이 실패하는 것일까? 왜 빨리 시작한 사람들은 금방 평범해지는 걸까? 이 두 가지 경우가 뛰어난 사람들이 일반적으로 겪는 일은 아니지만 심심찮게 일어나는 건 사실이다.

성공의 정도가 지능과 그다지 상관없는 사례는 상당히

많다. 평범한 능력을 갖춘 사람들이 자기가 속한 조직이나 직군에서 최고가 되는 사례도 우연보다는 훨씬 자주 관찰된다.

비즈니스에 성공하려면 정확히 무엇이 필요한지 100% 확정할 수 있는 사람은 없지만, 지적 능력과 관계없이 성공에 확실히 도움 되는 특성은 있다.

성공하는 사람들은 경험에서 교훈을 얻고, 내면의 동기를 갖고 있다. 이들은 자신을 믿는다. 이들에게는 사람을 다루는 힘과 고유한 특징이 있다.

성공하는 사람들은 방향 감각이 뛰어나다. 자신이 어디로 가는지 알고 결국 그곳에 도착할 것도 안다. 이들은 내적인 자신감을 개발했고 행동으로 터놓고 드러내며 타인의 건강과 행복을 진심으로 신경 쓴다.

지능만으로는 부족하다. 그 자체로 충분했던 적은 한 번도 없다. 당신이 평범한 학생이라고 해도 위의 두 가지 자질이 있다면 비즈니스 세계로 진입해서 어떤 일을 하든 남다른 성공을 이룰 수 있다. **성공적인 삶을 위해 가장 중요한 두 가지 요소는 목표와 끈기다.**

✦ ✦ ✦

삶이 지겹다면, 매일 아침 뭔가 하려는
욕망을 불태우며 일어나지 않는다면
목표가 충분하지 않다는 뜻이다.

목표가 삶을 끌어당기고,
동기는 삶을 밀어붙인다.

끈기를 갖고 인내하라.
그러면 모든 것을 얻을 수 있고 이룰 수 있다.

D

빨간색 뷰익 컨버터블

나는 항상 목표에 관해, 목표가 삶에 미치는 영향에 관해 끊임없이 이야기한다. 목표의 중요성을 이해하는 건 정말 중요하다. 목표 자체보다는 목표를 달성하는 과정에서 경험하는 성장이 무엇보다 중요하다.

목표가 없으면 조금 힘들어질 때마다 그만두기 쉽다(사실 상당히 논리적인 귀결이다). 당신이 마음속으로 그리는 목표의 이미지는 어떤 일이 생기더라도 당신을 계속 앞으로 나아가게 한다.

나는 이 기본적인 진실을 잘 드러내는 훌륭한 일화를 접했다. 이 이야기에는 거트루드 에덜리Gertrude Ederle라는 젊은 여성이 등장한다.

1926년까지 영국 해협을 헤엄쳐서 건넌 여성은 없었다. 그러다 한 자동차 회사에서 이를 달성하는 최초의 여성에게 빨간색 뷰익 컨버터블과 현금 2000달러를 주겠다는 공약을 걸었다.

19살의 미국인 소녀 에덜리는 자동차를 가지고 싶었다. 에덜리의 눈에는 그 자동차와 함께 있는 자기 모습이 보였다. 이 이미지는 영국 해협을 헤엄쳐서 자동차를 얻겠다는 결심으로 이어졌다.

해협을 건너면서 그녀의 체력은 고갈되기 시작했고 더는 팔을 움직이지 못하겠다는 느낌이 들었다. 어떤 기분인지 짐작이 갈 것이다.

하지만 물속에서 실려나오길 기다리면서 눈을 감았을 때, 빨간 뷰익 컨버터블에 앉아 있는 자기 모습이 떠올랐다. 꿈을 손에 쥔 모습을 보자 새로운 힘이 솟았다. 이후 그녀는 반대편 해안의 모래를 밟기 전까지 다시는 멈추지 않았다.

에덜리의 목표는 해협을 헤엄쳐서 건너는 게 아니었다. 빨간 뷰익 컨버터블이 그녀의 목표였다. 해협을 건너는 건 목표를 달성하려면 해야 할 일이었다. 이처럼 **목표를 달성한 이미지가 노력을 이어갈 힘을 줬다.**

이 방법은 에덜리에게 효과가 있었다. 당신에게도 목표가 있다면 효과를 볼 것이다.

✦ ✦ ✦

위대한 일을 하고 싶으면
행동할 뿐만 아니라 꿈을 꿔야 한다.
계획만 세우는 게 아니라 믿어야 한다.

우리에겐 불가능한 상황에 특화된 사람이
더 많이 필요하다.

효율성 ✦ Effectiveness

E

생산자와 99%

이 세상은 늘 실현하는 사람과 솔선수범하는 사람, 주어진 일을 마지막까지 해내는 사람을 간절히 원한다.

세상에서 보상하고 기억하는 건 얼마나 아느냐가 아니라 무엇을 해냈느냐다.

많은 이가 성공하지 못하는 이유는 무엇보다 일을 끝까지 해내는 방법을 모르기 때문이다. 이는 성공을 가로막는 가장 큰 장애물이다. 지능이나 성격, 의지가 부족해서가 아니다.

위대한 일을 이루지 못하는 수많은 사람은 뭘 해야 할지 알고 있고 때맞춰 99% 해낸다. 거의 승진할 뻔한다. 거의 리더가 되기 직전까지 간다. 하지만 끝까지 가지 못한다. 1분,

혹은 1센티미터 차이로 놓치더라도 놓친 건 사실이다. 일을 끝까지 해내는 능력을 개발하지 않았기 때문이다.

99%까지만 해낸 사람이라고 해서 게으르지는 않다. 오히려 대단히 효율적인 극소수의 사람들보다 바쁜 경우가 많다. 이들은 온종일, 그리고 밤늦게까지 동동거리지만 정작 중요한 일은 달성하지 못한다. 우유부단함과 체계 부족, 사소한 일에 지나치게 쏟는 관심이 이들을 가로막는다.

이들은 같은 자리를 빙빙 돌면서 결국 아무 데도 가지 못한다. 바른 길을 정하고 계속 집중하지 않았기 때문이다.

더 열심히 일할 필요는 없다. 효율적으로 해야 한다. 자기가 하는 일이 인정받도록 만드는 법을 익혀야 한다. 생산자들이 삶의 기준을 세우고, 거의 모든 보상을 가져간다. 생산자는 일을 끝까지 해내는 능력을 키우며 99%의 사람들에게 한눈팔지 않는다.

✦ ✦ ✦

누구나 꿈을 꾸지만 모두가 같지는 않다.

정신이 진창으로 가라앉는 밤에 꿈꾸는 사람들은
잠에서 깨면 꿈이 헛되다고 생각한다.

하지만 낮에 꿈꾸는 사람들은 위험하다.
두 눈을 크게 뜨고 꿈을 이루기 위해 행동하며
결국 실현하기 때문이다.

자기 일에 능숙한 사람들을 보았느냐?
이러한 사람은 왕 앞에 서리라.

- 잠언 22:29

E

가치가 있다면 값을 치러라

앞으로 무엇을 성취하려고 하든 대가가 따를 것이다. 하나를 얻으려면 하나는 포기해야 한다. 얻으려는 대상의 가치가 클수록 더 큰 희생이 필요하다.

성공하려면 높은 값을 치러야 하지만, 진정한 성공의 보상을 얻는다는 것은 그만큼 노력할 가치가 있다는 사실을 명심하라.

성공으로 가는 고속도로는 유료도로다.

소설가 리처드 바크Richard Bach는 단순한 제목의 도발적인 저서 『하나One』에서 독자에게 흥미로운 질문을 던진다. 또한 아름답고 희망적인 답을 제시한다.

저자는 강렬하게 선언한다. "나는 지금의 내 모습이 되기 위해 목숨을 걸었다." 그리고 흥미진진한 의문을 제기한다.

"그럴 가치가 있었던가?"

앞으로 당신의 삶에서 여러 가지가 변할 것이다. 다른 곳에 가거나 새로운 상황에 맞닥뜨릴 수도 있고, 오늘과 똑같은 삶이 계속될 수도 있다.

작가 어밀리아 바Amelia Barr는 이런 말로 정곡을 찔렀다. "이 세상은 고삐를 너무 짧게 쥐고 달리기 때문에 운이 끼어들 틈이 거의 없다. 행운의 여신은 자기가 가진 것을 판매한다. 절대로 거저 주지 않는다. 우리는 어떤 형태로든 대가를 치러야 한다."

많은 사람이 삶에서 주어진 자기 몫에 만족하지 않는다. 좋지 않은 선택을 하거나 사람을 잘못 만나거나 잘못된 길을 갔을 때 운을 탓한다. 성공 철학의 선구자 오리슨 마든Orison Marden은 이렇게 말했다. **"수많은 사람이 벽에 부딪히는 이유는 대가를 치르지 않고, 전력을 다하지 않으며, 편안함을 희생하지 않기 때문이다."**

다가오는 한 해를 가치 있게 보내자. 성공을 독점하는 사람은 없다. 값을 치른다면 성공은 당신의 것이다.

✦ ✦ ✦

위대한 성취는 주로 위대한 희생에서 탄생하며,
이기심으로는 결코 얻을 수 없다.

조금 성취하는 사람은 조금 희생하고,
많이 얻으려는 사람은 많이 희생해야 한다.
높은 곳에 도달하려면 큰 희생을 치러야 한다.

귀한 것을 얻을 방법은 뼈를 깎는 노력뿐이다.

— 부커 T. 워싱턴Booker T. Washington

기업가 정신 ✦ Entrepreneurialism

E

사업을 시작하기 좋은 나이

다음 달에 대학교를 졸업하는 청년과 대화한 적이 있다. 그는 일자리에 대한 고민으로 갈피를 못 잡겠다고 말했다. 무엇을 해야 할까? 어디로 가야 할까?

질문은 끝없이 이어졌지만 대답은 그의 손에 잡히지 않았다.

나는 먼저 어디에서 어떻게 살고 싶은지부터 질문했다. 그다음 얼마나 벌고 싶냐고 물었다. 청년이 벌고 싶어 하는 금액은 국내 회사의 99%가 그를 고용한다면 제안할 법한 금액보다 훨씬 많았다.

그 뒤에는 이렇게 질문했다. "직접 회사를 차리지 그래요? 자기 사업을 해요." 나는 세상의 모든 회사는 누군가 시작했기에 존재한다고 말했다. 다른 사람들이 할 수 있다면 그도 할 수 있을 것이다.

그는 멍한 눈으로 나를 바라보더니 천천히 말했다. "그런 건 생각 안 해봤어요." 내가 대답했다. "이 나라에는 수백만 명이 살고 저마다 필요한 게 있어요. 그게 뭔지 생각하고, 그중에 당신이 즐기면서 할 수 있는 게 뭔지 고민해 봐요."

이상하게도 대부분의 사람은 어느 정도 나이가 차야 자기 사업을 시작할 수 있다고 생각하는 듯하다. 근거 없는 생각이다. **사업을 시작하는 것과 나이는 아무 상관없다.** 용기와 야망, 다른 사람에게 도움이 되겠다는 진실한 욕망이 필요할 뿐이다. 18살이든 80살이든 무관하다.

나는 케먼스 윌슨Kemmons Wilson이 윌슨 인Willson Inn에서 시작해서 호텔 체인을 구축했다는 글을 읽었다. 윌슨은 당시 80세였고 은퇴 후 지루해하던 차였다. 그는 홀리데이 인Holliday Inn도 창립했다.

온타리오주 벌링턴 출신의 젊은 청년 팀 도척Tim Dorchuk은 19세에 자수성가한 백만장자가 됐다. 그는 12살에 자기 사업을 시작했다.

경험은 얻게 될 것이다. 돈은 끌어모을 수 있다. 결정하고 수요를 파악하여 충족해 주면 된다. 나이는 전혀 고려 대상이 아니다.

✦ ✦ ✦

E

무관심은 열정으로 극복할 수 있으며
열정은 두 가지로만 일으킬 수 있다.

첫째는 상상력을 휘몰아치게 하는 이상이고
둘째는 그 이상을 실현할
확실하고 이해하기 쉬운 계획이다.

아무것도 시도할 용기가 없다면
인생이 어찌 되겠는가?

탁월함 ✦ Excellence

사소함이 모여서 완벽함이 된다

더 훌륭한 결과와 보상을 추구하도록 당신을 자극할 만한 아이디어를 찾는다면 역사를 들여다보거나 위대한 인물들의 전기를 읽어보길 추천한다.

존 애딩턴 시먼즈John Addington Symonds는 역사상 가장 유명한 이탈리아인의 삶을 훌륭한 전기로 옮겼다. 이 전기의 제목은 『미켈란젤로 부오나로티의 인생The Life of Michelangelo Buonarroti』이다.

미켈란젤로 부오나로티는 500여 년 전에 태어났다. 그는 영원히 살아남을 걸작을 남기고 90세에 가까운 나이에 사망했다.

어떻게 인간이 이렇게 영속적인 아름다움을 지닌 완벽한

작품을 창조할 수 있었을까? 다음 일화가 어느 정도 대답이 될 듯하다.

미켈란젤로가 조각상을 마무리하던 무렵 한 친구가 그를 찾아왔다. 며칠 후 그 친구는 다시 찾아와서 조각상을 보더니 지난번보다 진행된 게 별로 없다고 말했다.

미켈란젤로는 눈썹을 올리며 대답했다. "이 부분을 수정하고 저기 윤을 냈어. 이쪽은 부드럽게 다듬고 이 근육을 튀어나오게 했지. 입을 좀 더 강렬하게 표현하고 팔은 활기찬 느낌을 더했어."

친구가 말했다. "그렇긴 한데 다 사소한 부분이잖아."

미켈란젤로는 이렇게 말했다. "그럴지도 모르지. 하지만 그 사소함이 모여서 완벽해지는 법이야. 완벽은 사소하지 않아." 얼마나 훌륭한 교훈인가. 아무도 차이를 알아차리지 못할 거라고 여기고 사소한 부분을 건너뛰었던 경험을 떠올려 보자. 하지만 **사소함이 모두 합쳐지면 '완벽'이라고 불린다.**

당신이 평생 완벽한 수준에는 도달하지 못하더라도, 사소함에 신경을 쓰다 보면 하는 일의 품질이 올라가고 그에 맞춰 보상받게 된다.

✦ ✦ ✦

완벽을 추구하는 건 합리적인 일이다.

결코 도달하지 못한다는 사실을 알아도

항상 그 방향으로 나아갈 수 있기 때문이다.

달을 향해 쏴라.

달은 놓치더라도 별들 사이에 떨어질 것이다.

경험 ✦ Experience

E

여행은 당신을 흥미로운 사람으로 만든다

성공하는 사람들은 항상 지평을 확장하려 한다. 하버드대 교수이자 작가였던 올리버 웬들 홈스Oliver Wendell Holmes가 이를 절묘하게 표현했다. "위대한 생각이 한번 우리 정신을 확장시키면 다시는 원래 상태로 돌아가지 못한다."

홈스의 말이 옳다. **한번 정신을 확장시키면 의식이 한층 개선되며, 이는 사라지지 않는다. 그리고 여행은 이처럼 정신을 확장시켜 주는 역할을 할 수 있다.**

나는 운 좋게도 우리가 사는 지구촌을 구석구석 여행했다. 18살 때는 브라질에서 뛰어다녔다. 피지에 있는 수바 거리를 거니는가 하면 뉴질랜드 타카푸나에 있는 가성집에서 저녁을 먹기도 했다. 바베이도스에서 골프를 치고, 영국 선버리 온 템스에서 생활하고, 파리에서 리도쇼 공연을 관람했다.

나는 원하기만 하면 기억 속에서 이 모든 장소를 포함하여 셀 수 없이 많은 곳으로 돌아갈 수 있다. 전부 멋진 추억이다. 이런 타지에서의 경험은 내 정신을 확장시켰다.

최근 바베이도스에서 일하는 택시 기사와 대화한 적이 있다. 그는 40대였는데 한 번도 섬을 떠나지 않았다고 했다. 나는 바베이도스를 사랑하지만(느긋하게 쉬기에 가장 좋은 곳이라고 생각한다) 그에게 비교할 만한 다른 경험이 없다는 건 무척 안타까웠다.

사랑하는 사람을 데리고 어디에 가고 싶은가? 그곳으로 떠나겠다고 지금 확실히 결정하면 어떨까? 날짜를 정하고 비행기를 예약하라. 여행 비용이 얼마나 들지는 생각하지 말자. 오늘부터 일 년 후에 여행을 갈 계획을 세우고 일 년 동안 비용을 나눠 저축한다면 매일 필요한 돈은 얼마 안 된다.

즐겁게 준비해라. 매일 필요한 금액을 모으자. 떠날 무렵에는 여행 비용이 마련된다. 여행을 갈 때는 떠나기를 기다리는 시기가 가장 즐겁다는 사실도 알게 될 것이다.

여행을 떠나자. 여행은 당신을 더 흥미로운 사람으로 만들어준다.

✦ ✦ ✦

E

우리는 탐험을 멈추지 않는다.
모든 탐험이 끝나면 시작했던 곳에 도달하여
처음으로 그곳을 알게 되리라.

— T. S. 엘리엇 T. S. Eliot

여행자는 눈에 보이는 것을 본다.
관광객은 보러온 것을 본다.

내가 어디로 가야 하는지 아는 건
다른 곳으로 출발했을 때뿐이다.

신념과 믿음 ✦ Faith and Belief

증거보다 강력한 것

어떤 이는 실패했다는 증거가 보이더라도 믿는 것을 신념이라고 정의했다.

최근 내 친구의 사업장에 도둑이 들어서 모든 재고를 쓸어갔다. 게다가 조사 결과 보험사에서 재고를 보상하지 않아서 친구에게는 빈 창고만 남았다.

지역 신문에서는 내 친구가 빠진 딜레마를 자세히 다루면서 사실상 친구가 사업을 접었다고 했다. 모든 게 무너졌다는 압도적인 증거를 인정할 수밖에 없는 것처럼 보였다.

하지만 친구의 생각은 그렇지 않았다.

그는 이런 태도를 보였다. "나는 원래 이렇게 시작했으니 똑같은 방식으로 다시 시작할 거야." 갑작스러운 사건이 많은 것을 빼앗아 갔지만 그의 신념은 눈에 보이는 증거보다 강했다.

당신은 어떤가? 앞으로 나아가거나 다시 시작하지 못하게 당신을 가로막는 증거가 존재하는가?

증거 앞에 무릎을 꿇고 전진하지 못하는 사람이 얼마나 많은지는 파악할 수 없다. 하지만 희박한 가능성에 직면하고도 단 하나의 증거, 즉 '신념'에 힘입어 성공한 사람의 수는 쉽게 셀 수 있다. 그들은 상황이 아무리 불리해도 결국 해냈을 것이다.

이런 사람들은 **아예 시도하지 않는 것보다 시도하고 실패하는 편이 낫다**고 생각한다. 이렇게 자신을 믿는 신념의 폭발적인 힘에는 도미노 효과가 있다. 신념이 있는 사람은 장애물이 아무리 많더라도 쓰러뜨리고 앞으로 나아가면서 탄력을 받는다.

내 친구와 친구의 파트너는 실패를 암시하는 증거보다 우리가 더 강하다는 사실을 다시 한번 증명했다.

장애물을 한 번에 하나씩 넘고 전진하겠다고 결심하면 당신도 증명할 수 있다. 강한 신념이 있으면 승리할 가능성도 커진다.

✦ ✦ ✦

용기 있는 사람은 신념도 강하다.

우리는 상황에 지배당할 수도,

삶을 책임지고 내면의 힘으로 지배할 수도 있다.

목표를 달성하는 결정적 요인

수없이 많은 사람이 위대한 대의와 높은 이상을 품고 노력해서 경이로운 목표를 달성했다.

이들은 평범한 사람이라면 무너져버렸을 장애물과 상황을 몇 번이고 맞닥뜨렸다.

이들도 절망적으로 보이는 상황을 마주한다. 재산이나 사랑하는 사람을 잃거나 심각한 신체적 문제와 싸우기도 한다. 하지만 이들은 절대로 약해지지 않는다.

아무것도 이들을 막을 수 없는 것 같다.

아마 개인적으로 친분이 있거나 아는 사람 중에 당신이 속한 산업에서 새로운 것을 만들어내는 인물들을 떠올릴 수 있을 것이다. 스포츠 역사에도 이런 사례는 많다.

이들을 위대하게 한 건 그들의 믿음, 혹은 신념이었다. 이들의 신념은 흔들리지 않았다. 아무도, 아무것도 신념을 건드리거나 무너뜨리지 못했다.

마치 변덕스러운 신이 이 사람들을 골라낸 다음 다가가서 이렇게 위대한 일을 할 수 있게 손댄 것처럼 보인다.

하지만 **당신을 포함해서 모두가 신의 손길과 축복, 그리고 신념이라는 도구를 받았다.** 당신도 그 사람들처럼 이해를 기반으로 한 믿음이나 신념을 개발하면 된다. 이들의 신념은 눈멀지도 않았고, 처음 부딪히자마자 순도 높은 수정처럼 쉽게 깨지지도 않는다. 이해를 기반으로 한 단단한 토대가 신념을 떠받친다.

이들은 영적인 사람들로 평가받으며 믿음이나 신념을 가지는 게 어렵지 않다. 알기 때문이다. 자신이 상상하는 건 뭐든 실현할 수 있다는 사실을, 스스로 활기가 넘치고 창의적인 존재라는 것을 안다.

당신도 마찬가지다.

F

✦ ✦ ✦

신념은 증거를 넘어서는 마음속 지식이다.

인간은 신념으로 빚어지고 믿는 대로 존재한다.

신념은 감각이 말해주지 않는 것을 말하지만,

보이는 것과 상반되지는 않는다.

보이는 것을 뛰어넘지만 거스르지는 않는다.

긍정적인 믿음과 부정적인 믿음

뭔가를 믿으면 그 믿음은 어디를 가든 함께한다. 당신은 믿음을 소중하게 여기고, 고난이 닥칠 때마다 지키기 위해 온 힘을 다해 노력할 것이다.

당신은 스스로에 관해 무엇을 믿는가?

만약 당신이 보통 사람들과 비슷하다면 스스로 정상보다 5킬로그램은 더 쪘다고 생각하거나, 학교에 남아 계속 공부했어야 했다고 생각하거나, 부모님이 하는 말에 더 귀를 기울여야 했다고 생각할 것이다. 이런 믿음은 한둘이 아니다.

사람들은 대부분 자신에 관해 부정적인 개념을 그대로 믿는다. 자신이 실제로 얼마나 아름답고 강한지 알지도, 이해하지도 못한다.

모든 믿음에는 타당하고 확고한 이유가 있어야 한다. 우리는 대부분, 어쩌면 모두 어렸을 때부터 잘못된 믿음을 가져왔으면서도 한 번도 의문을 제기하지 않았다. 그리고는 형편없는 성과를 정당화하는 변명으로 이를 사용했다. 부정적인 믿음은 쓸모없고 비생산적인 낭비에 불과하다.

19세기가 끝나갈 무렵 윌리엄 제임스는 말했다. "믿음과 신념이 현실을 창조한다."

자신에 관해 부정적인 믿음을 가지면 틀림없이 그 생각대로의 결과가 나타날 것이다. 하지만 그 반대도 적용된다는 사실을 명확히 이해해야 한다. 스스로 강력하고 긍정적인 믿음을 가지면 결과에 그 믿음이 정확하게 반영된다.

지금 삶의 방향이 만족스럽지 않다면 믿음에 의문을 제기해라.

훌륭한 책이나 오디오 프로그램을 구해서 자신에 대한 아름다운 진실을 접하자. 자신의 긍정적인 측면을 연구하는 것이 흥미진진한 모험이라는 사실을 깨닫게 되고, 이 프로젝트에 쏟은 시간과 노력에 대해 눈에 보이는 보상을 받을 수 있을 것이다.

✦ ✦ ✦

타인에게 무엇을 인지하고 창조하거나 생산하라고
명령할 권리는 아무에게도 없지만,
누구나 스스로 자신의 생각과 감정을 드러내고
창조적 정신으로 자신감을 키우도록 격려해야 한다.

능력은 자신감과 비례한다.

편협함과 비열함, 비관을 거부하라.

두려움 ✦ Fear

F

지도 밖으로 나가라

성공철학의 대가 얼 나이팅게일은 나이를 불문하고 인간은 미지의 세계를 두려워한다고 했다. 인간은 시도하거나 목격한 적이 없는 것이면 나쁘고, 무섭고, 위험하다고 가정한다. 이런 인류의 오랜 특성은 새로운 가능성을 탐색하지 못하게 수많은 이를 가로막는다.

역사 속에는 당대의 도구와 지식을 활용하여 최선을 다해서 세계지도를 제작한 사람들이 존재했다. 그들은 무척 훌륭한 성과를 만들어내기도 했지만, 공통적으로 한 가지 흥미로운 특성을 보였다.

이들은 지식의 한계에 부딪히면(그 당시 세계의 알려진 부분은 지금보다 좁았다) 지도에 이렇게 적었다. "이 지점을 넘어가면 대단히 위험하다." 이런 말을 쓰기도 했다. "이 지점 밖으로 가면 위험한 괴물이 존재한다." 안타깝게도 사람들은 그 말을 믿고 지도에 표시된 영역을 넘어가지 않았다.

목표를 추구하면서, 직장생활에서, 혹은 인간관계에서 잘 모르거나 실패할 가능성이 있으니 이 영역으로는 가지 않겠다고 선을 그어버린 적이 있는가?

그렇다면 이 안전지대를 넘어서면 좋은 것이 나올지도 모른다는 가능성을 고려하라. 그 길을 가려면 행동할 능력만 있으면 된다. 현재 위치에서 원하는 곳으로 이동할 때 필요한 시도를 할 능력 말이다.

그저 편하고 덜 힘들다는 이유로 미지의 길보다는 알고 있는 길을 택했을 때, 별다른 보상이나 보람은 없는 경우가 얼마나 많은가.

성공으로 가는 여정을 계획할 때, 익숙하지 않아서 피하고 싶은 영역이 많을 것이다. 하지만 한번 발을 디뎌보면 살면서 누릴 수 있는 가장 큰 보상이 나타난다. 바로 의식이다.

✦ ✦ ✦

의심은 배신자다. 거뜬히 이룰 수 있는 선善을
두려움으로 시도하지 못하게 한다.

— 윌리엄 셰익스피어William Shakespeare

실패할까 봐 두려워서 망설이지 마라.

길을 떠나라. 시도하라. 다른 건 의미 없다.

— 테네시 윌리엄스Tennessee Williams

F

두려움의 장벽이 당신을 가로막는다면

태어나서부터 열 살이 될 때까지 나는 온타리오주 오언사운드에 살았다. 뜨거운 여름날에 친척 어른과 함께 해리슨 공원에 갔던 기억이 생생하다. 그 공원에는 멋진 수영장이 있었다. 나보다 조금 더 큰 아이들은 사다리를 타고 올라가서 수영장으로 뛰어내리거나 높은 다이빙대에서 다이빙을 하면서 재미있게 놀았다. 나는 그늘에게 인정받고 싶어서 사다리에 올랐다. 망설이긴 했지만 그래도 올라갔다.

그리고 아래쪽을 내려다봤을 때 몸과 마음을 사로잡았던 공포를 절대 잊지 못한다.

사람들이 달래는 소리는 전혀 도움이 되지 않았다. 내가 그 다이빙대에서 뛰어내릴 일은 절대 없었다. 그렇게 다시 사다리를 타고 내려왔다.

그것이 인생에서 최초로 맞닥뜨린 두려움의 장벽이었다. 나는 그때 뛰어내렸다면 느꼈을 흥분과 전율만 놓친 게 아니었다. 자존감도 조금 깎였다.

당신도 곰곰이 기억을 되짚어보면 두려움의 장벽을 처음 마주한 순간이 떠오를 것이다. 그때 자유를 향해 발을 내디뎠거나, 그냥 물러나서 두려움에 갇혔거나 둘 중 하나다.

나는 26살이 될 때까지 진심으로 무서운 게 있으면 항상 뒷걸음질했다. 그러다 나를 아끼는 사람의 격려를 받고 다짐했다. '더는 안 돼!' 그 이후 자유를 얻었다.

두려움의 장벽은 인생에서 중요한 변화를 시도할 때마다, 한 번도 간 적 없는 곳으로 들어가려 할 때마다 우리 앞에 나타난다.

나는 몇 년에 걸쳐 캐나다와 미국, 영국에 회사를 매각했다. 그동안 만났던 수많은 사람이 두려움의 장벽을 맞닥뜨리고 앞으로 나아가려 했지만 그러지 못했다. 그들은 성공을 원했고 성공할 수 있었지만 그러지 않았다.

두려움의 장벽이 당신이나 당신의 비즈니스를 가로막는가? 내 방식을 따라서 그대로 돌파해라. 후회하지 않을 것이다.

✦ ✦ ✦

목표 달성 자체보다는

목표를 이루려는 시도가 더 고귀하다.

당신이 하는 일을 개선하려면 불가능에 도전하라.

F

집중 ✦ Focus

다수의 목소리

《리더스 다이제스트Reader's Digest》는 훌륭한 잡지다. 정신을 자극하는 글이 항상 넘쳐흐른다. 출처가 분명하지 않은 다음 문장은 몇 년 전에 《리더스 다이제스트》에서 발췌한 것이다.

"편협한 사람은 사람 얘기를 한다. 평범한 사람은 사건을 말한다. 위대한 사람은 아이디어를 논한다."

나는 이 말이 상당히 정확하다고 믿는다.

내가 보기에 우리는 모두 처음 두 가지 유형(사람과 사건에 관해 이야기한다)에 번갈아 가며 해당한다.

하지만 대화의 주제가 대부분 이 두 가지 유형에 속한다는 사실을 알아차린 적 있는가? 주의 깊게 귀를 기울이면,

주변에서 끊임없이 윙윙거리는 의미 없는 소음이 들려올 것이다.

사람들은 말할 거리가 있든 없든 꼭 말해야 한다는 일종의 의무감을 느끼는 듯하다.

나는 이것을 '다수의 목소리'라고 부른다. 마음속으로 조심하지 않으면 이런 쓸모없는 시간과 에너지 낭비에 휩쓸리기 쉽다. **의식적으로, 의도적으로 정신을 바로잡지 않으면 주변 사람이나 환경이 당신의 정신 상태를 좌우한다.**

기회가 있을 때마다 주변 사람들을 관찰하자. 이들의 대화와 행동은 1분도 되지 않아 네다섯 번씩 획획 바뀐다.

이 말이 과장처럼 들리면 직접 확인하거나, 몇 사람과 대화하면서 의도적으로 1분에 네댓 번씩 최대한 주제를 바꿔보기 바란다. 당신이 의도를 입 밖에 내지 않으면 아무도 알아차리지 못하면서도 자발적으로 따라올 것이다.

무슨 뜻이냐고? 당신의 정신은 우주에서 가장 위대한 힘이다. 하지만 부지런하지 않으면 그 힘을 낭비하고 아무 발전도 이루지 못하게 된다.

위대한 아이디어를 논하는 탁월한 영혼들과 의도적으로 어울려라.

✦ ✦ ✦

편협한 사람은 사소한 일에 즐거워한다.

비슷한 사람끼리 어울리는 법이다.

의지력을 키우는 연습

빅토리아 시대의 위대한 작가 제임스 앨런James Allen은 탁월한 저서 『위대한 생각의 힘As a Man Thinketh』에서 인간의 의지를 다뤘다. "인간의 의지, 그 보이지 않는 힘/불멸의 영혼이 낳은 자식/그 어떤 장애물이라도 뚫고/목표로 가는 길을 개척한다."

앨런의 말이 옳다. 의지는 아이디어에 진정한 힘을 부여하는 정신 능력이다. 위대한 인물의 전기나 자서전을 보면 이들은 모두 선택한 목표에 집중하는 능력이 있었다는 공통점을 알 수 있다.

정신적으로 강해지고 싶은 간절한 욕망이 있다면 의지를 발휘해야 한다. 집중력을 키우는 것이 무엇보다 중요하다.

가장 유능한 경영자와 위대한 판매원은 이런 능력이 뛰어나다. 그들은 쉽게 한눈팔지 않는다. 자기가 하는 일에 완전히 집중할 줄 모르는 심장외과 전문의를 상상해 보라. 누구도 그에게 수술을 받고 싶지는 않을 거라고 확신한다.

앞으로 30일 동안 매일 이 연습을 해보자. 제일 좋아하는 의자에 앉아서 초를 손에 든다. 초에 불을 붙이고 불꽃을 바라보라. 집중이 흐트러지면 곧바로 다시 불꽃에 집중한다.

처음에 집중을 유지하기 어렵다고 해도 걱정할 것 없다. 한 번에 4분에서 5분씩, 하루에 두세 번 이 연습을 계속하자. 집중하는 능력은 한 달 이내에 자동으로 생긴다.

이 단순한 연습은 강력한 의지를 개발하는 데 도움이 된다.

기억하라. 집중력, 특히 강한 집중력은 아이디어에 진정한 힘을 부여한다. 한 가지에 집중하는 능력을 완전히 익히면 사실상 모든 것에 집중할 수 있다. 이는 무척 값진 기술이다.

✦ ✦ ✦

집중은 나의 좌우명이다.

첫 번째는 정직, 두 번째는 근면, 그다음이 집중이다.

지금 주어진 일에 모든 생각을 집중하라.

햇빛도 집중하지 않으면 뜨겁지 않다.

자유 ✦ Freedom

당신에게는 스스로를 해방시킬 힘이 있다

셰익스피어가 고등학생을 지루하게 하는 연극을 쓴 엘리트 작가라고 생각하는가? 셰익스피어의 작품은 인생의 실질적인 문제와 상관없는 사람이나 즐기는 문학이라고 생각하는가?

그렇다면 다시 생각하라. 셰익스피어는 별종이 아니라 무척 현실적인 사람이었다.

셰익스피어가 이렇게 말했다. "모든 노예에게는 스스로 속박을 벗어날 힘이 있다." 어떻게 하면 오늘날 이 조언을 실용적으로 적용할 수 있을까?

'모든 노예'의 뜻을 생각해 보자. 어떤 식으로든 속박됐다고 느끼는 모든 사람을 가리킨다. 상황에 갇혔거나 실패, 가난, 질병에 구속된 사람, 삶을 개선하고 완전하게 가꾸지 못하고 가로막힌 사람들이다.

'스스로 벗어날 힘이 있다'는 말은 겉으로 보이는 구속과 속박을 끝내거나 없앨 힘이 내면에 존재한다는 뜻이다.

당신은 자유로워질 수 있다. 당신 안에는 족쇄를 없앨 힘이 있다.

폴 카루스Paul Carus는 『부처의 가르침The Gospel of Buddha』에 이렇게 썼다. "사람들이 속박된 이유는 '나'라는 관념을 지우지 못했기 때문이다." 르랜드 발 반드 월Leland Val Vande Wall은 이렇게 적었다. "분노에 차서 뒤돌아 보게 하지 마시고, 두려움에 젖어 앞을 못 보게 하지 마소서. 다만, 깨어서 주변을 살피게 하소서."

문제는 우리가 허용했을 때만 우리에게 영향력을 발휘한다. 에머슨Emerson은 이렇게 지적한다. "우리가 에너지를 쏟는 것만이 쑥쑥 자란다."

속박되거나 문제에 갇혔다고 해도 당신에게는 스스로를 해방시킬 힘이 있다. 당신을 자유롭게 할 수 있는 건 당신뿐이다. 셰익스피어가 말했고 나는 믿는다. 그러면 적어도 내게는 모든 게 분명하다.

✦ ✦ ✦

자유는 용기 사이에 있다.

돈이 성공을 창조하진 않지만
돈을 벌 자유는 성공으로 이어진다.

다수가 있어야 승리하는 건 아니다.
분개하고 지칠 줄 모르고, 인간의 정신에 자유라는
작은 불길을 계속 일으키는 소수가 승리한다.

F

목표 ✦ Goal

삶의 본질

가끔 인생이 재미없거나 지루하게 느껴지는가? 삶은 흥미진진한 모험이 될 수 있다. 하지만 흥미를 일으키고 모험을 찾아내는 건 당신의 몫이다.

하루는 친구가 내게 《데저렛 뉴스Deseret News》에 실린 존 고다드John Goddard의 글을 보내줬다.

과연 고다드에게 평생 재미없거나 지루한 순간이 있었을지 의문이다. 그는 15살에 127개에 달하는 도전적인 목표를 세우고 집요하게 파고들었다. 그가 목표로 삼은 건 세계에서 가장 긴 나일강과 두 번째로 긴 콩고강 탐험하기, 세계에서 가장 높은 에베레스트산과 맹렬한 눈보라가 치는 마터호른산 등정하기, 1.6킬로미터를 5분 만에 달리기, 피아

노로 드뷔시의 「달빛」 연주하기 등이었다. 고다드는 목표를 모두 달성했다.

내가 이 글을 쓸 무렵 고다드는 원래 도전 목록에서 108개를 달성했다. 그리고 원래 목록에 없던 새로운 목표가 생겼다. 미국 공군의 매끈한 최신식 전투기인 초음속 B-1 폭격기를 조종하는 것이다. 이 폭격기는 레이더망에 탐지되지 않고 초음속으로 비행할 수 있다. 고다드는 1989년 11월 3일 텍사스주 애빌린에서 공군 장관의 허가를 받고 비행에 성공했다. 그전에도 그는 F-4 팬텀Phantom과 F-11 전투 폭격기, F-106 델타 다트Delta Dart를 포함하여 47종류의 항공기를 조종한 적이 있었다.

고다드는 세계에서 손꼽히는 높은 산 12곳을 등정하고 대규모 탐험대 14개를 지휘하여 외딴 지역을 탐험했으며 세계 곳곳의 위험한 강 15곳을 건너는 한편 120개 국가를 방문하고 260개 원시 부족을 연구했다.

목표 설정은 삶의 본질이다. 외부의 칭찬이 아니라 내면의 보상을 위해 목표를 설정해야 한다. 그러면 더 나은 인간, 부모, 그리고 전문가가 된다. 끊임없이 성장하는 것이 중요하다.

G

✦ ✦ ✦

인간은 활동해야 한다.
찾을 수 없으면 만들어서라도 할 것이다.

더 위대한 자아에 신경 쓰는 사람은 위대해지고,
편협한 자아에 신경 쓰는 사람은 편협해진다.

평온한 시대에 창의력이 풍성한 결실을 맺는 경우는
거의 없다. 인류에게는 자극이 필요하다.

목표 카드

나는 지난 20년에서 25년 동안 사람들에게 수십만 개에 달하는 목표 카드를 나눠줬다. 컨벤션이나 세미나에서 강연할 때마다 늘 한 자리에 하나씩 놔두곤 했다. 회사에서 직원에게 나눠줄 수 있도록 배포하기도 했다.

카드를 받은 사람은 항상 흥미로운 반응을 보인다. 보통은 카드를 집어들고 쳐다본 다음 웃고 다시 내려놓는다. 아마 유치하다고 생각하는 듯하다. 덥석 낚아채고 더 달라고 하는 사람도 있다.

목표 카드는 그냥 비닐 커버를 씌운 카드다. 한 면에는 긍정적인 말이, 다른 면에는 목표를 적는 칸이 있다. 우리는 카드를 지갑이나 주머니에 넣고 다니라고 권한다. 그러면 카드를 만질 때마다 목표가 생각나기 마련이다.

한번 시도해 보자. **목표 카드를 계속 가지고 다니면서 읽는다면, 어떤 목표를 적든 결국에는 달성할 수 있다.**

연구에 따르면 명확한 목표를 세운 사람은 겨우 13%에 불과하다고 한다. 87%는 명확하게 정의한 삶의 방향이 없다는 뜻이다. 우리 가운데 3%만 목표를 글로 적는다. 그 3%는 실제로 높은 소득을 올리며, 의미 있고 흥미진진한 삶을 살아간다.

나는 1961년부터 목표를 적은 카드를 주머니에 넣고 다녔고, 그 결과 그야말로 마법 같은 효과를 봤다. 목표 카드라는 아이디어가 유치해 보일지는 모르지만 실제로 무척 효과적이다.

G

당신이 진정으로 원하는 게 무엇인가? 알고 있는가? 그렇다면 카드에 적어서 가지고 다니자. 그 결과는 놀랍고도 기분 좋을 것이다.

✦ ✦ ✦

자신 있게 자기 꿈을 향해 나아가고
상상한 대로 살려고 노력하는 사람은
일상에서 생각지도 못한 성공을 마주할 것이다.

— 헨리 데이비드 소로Henry David Thoreau

작은 것을 연습하여 크게 성공하라.

지금 당장 시작하라

몇 년 전에 젊지만 유능한 한 판매원이 내게 미국에서 열린 세일즈 컨벤션에서 미니애폴리스의 목사가 했던 연설의 녹음본을 선물했다. 목사는 연설에서 내가 평생 잊지 못할 말을 했다.

목사는 장례식을 진행할 때 "가장 슬픈 일은 육신의 죽음이 아니라 모든 꿈의 죽음"이라고 했다.

핵심을 정확히 찌르는 말이다. 연주하지 못한 음악을 가슴에 품고 무덤에 들어간 수많은 이를 생각해 보라. 이들에게는 목표가 없었다.

그 꿈은 지으려고 했지만 결코 짓지 못한 집이다. 시작하려 했던 사업, 가지고 싶었던 자동차, 떠나려 했던 여행일 수도 있다.

무엇이 되고 싶고, 하고 싶고, 갖고 싶은가? 당신이 이뤄낼 목표를 바로 지금 결정하라. 목표를 위해 나아가는 걸 단 하루도 미뤄선 안 된다.

제임스 앨런은 저서 『위대한 생각의 힘』에서 이렇게 말했다. "지금 당신이 처한 상황이 나쁠 수도 있지만 오래 계속되지는 않는다. 이상을 인식하고 거기 도달하려고 고군분투해야 한다."

모든 상황이 좋아질 때까지 기다리지 마라. 지금 시작하라. 목

표를 명확히 적는 것부터 출발하면 된다. 카드에 목표를 적어서 가지고 다니면서 매일 여러 번 읽어라. 믿어보기 바란다. 이렇게 하면 누구나 효과를 볼 수 있다.

이 한 가지 행동이 가난한 사람과 부자를 나누고 약한 자와 강한 자, 슬픈 자와 행복한 자를 나눈다.

항상 의미 있는 목표를 추구하는 사람이 세상에서 가장 충만하다.

✦ ✦ ✦

목표가 있는 사람이 성공하는 이유는 심플하다.
자신이 어디로 가는지 알기 때문이다.

목표는 굳게 믿고 온 힘을 다해 실천하는
계획이라는 수단으로만 달성할 수 있다.
성공으로 가는 다른 길은 존재하지 않는다.

감사 ✦ Gratitude

내가 사랑하는 열한 가지

안타깝지만 많은 사람이 '삶'을 미래에 벌어질 일이라고 생각한다. 이들은 중요한 사건이 일어나길, 중요한 날이 오기만을 기다린다.

내가 목표나 목적을 무척 중시하는 건 사실이지만 한편으로는 지금 우리에게 일어나는 사소하지만 멋진 수많은 사건을 의식적으로 인지해야 한다고 믿는다. 우리는 즐길 수 있고 즐겨야 한다.

스코틀랜드 소녀가 쓴 「내가 사랑하는 열한 가지」라는 글을 최근에 읽었다. 이 소녀는 매일 접하는 사소한 사건을 즐기는 방법을 잘 알고 있었다. 그 목록을 여러분과 공유하고 싶다.

1. 낙엽을 밟을 때 나는 바스락거리는 소리
2. 깨끗한 옷이 주는 느낌
3. 욕조에 떨어지는 물
4. 아이스크림의 차가움
5. 더운 날 불어오는 시원한 바람
6. 등산하다 뒤를 돌아서 보는 풍경
7. 입에 넣은 꿀
8. 파이 굽는 냄새
9. 침대에 있는 뜨거운 물병
10. 웃는 아기
11. 새끼 고양이

당신은 어떨지 모르지만 나는 이 스코틀랜드 소녀가 마음에 든다. 9번에 언급한 침대의 뜨거운 물병은 이 소녀가 옛날에 목록을 적었다는 것을 뜻한다. 요즘 사람들은 대부분 침대에 왜 뜨거운 물병을 넣는지 모를 테니까.

이런 목록은 훌륭한 발상이다. **오늘 시간을 내서 글을 써 보자. 당신이 사랑하는 열한 가지는 무엇인가?** 목록을 쓰다 보면 마음이 차분해지고 긴장이 풀리며, 지금 하는 즐거운 일에 집중하는 데 도움이 된다.

산다는 건 그런 것이다. 일상을 즐겨라!

✦ ✦ ✦

감사는 사람을 경건하게 하고 매일 깨달음을 준다.
이런 경이로움을 느끼는 초월적 순간에
삶과 세상에 대한 경험이 완전히 바뀐다.

감사는 숭고한 영혼을 드러낸다.

감사는 영혼에서 피어나는 가장 아름다운 꽃이다.

G

성장 ✦ Growth

여정은 끝나지 않는다

당신이 지금 삶에서 어떤 위치에 있는지, 어떤 성공을 누리는지 생각해 보자. 그리고 지금 이 위치에 오기까지 무엇이 필요했는지 떠올리자.

그 자리에 갈 때까지 어떤 대가를 치렀든, 계속 자리를 지키려면 그것만으로는 충분하지 않다. 여정은 결코 끝나지 않는다. 지금 당신의 위치를 개선하지 않으면 뒤로 미끄러질 것이다.

우리는 성공한 사람들이 자기 분야의 정점에 도달했다가 신임을 잃고 추락하는 모습을 자주 본다.

끊임없이 목표를 추구하고 계속 일하며 더 새롭고 나은 방식으로 성장하고, 현재의 위치를 넘어 확장해야 한다.

"모든 이가 성장하고 싶어 하지만 성장에 필요한 변화를 원하지는 않는다"는 말이 있다. 이런 사람들은 모든 법칙 중에 가장 영속적인 것이 '변화'라는 사실을 깨닫지 못했다.

여러 기관을 포함해서 수많은 대기업이 잘못된 신념 때문에 완전히 사라져 버렸다.

지금 내가 말하는 건 변화를 위한 변화가 아니라 성장을 위한 변화다. **변화하고 개선하고 성장한다면, 얼마나 변하는지는 중요하지 않다.**

개인 생활과 가족 관계, 일터에서 긍정적인 움직임을 이어가려면 계속 달릴 수 있는 길이 필요하다. 또한 심오하고 예리한 질문을 던지고 끊임없이 확인해야 한다. 우리를 일깨우는 질문이 지속적으로 이어지면 답은 항상 따라온다. 어떤 생산적인 변화가 필요하든, 준비된 상태로 기꺼이 받아들여라.

✦ ✦ ✦

계속 성장하고 전진하지 않으면
개신과 성취, 성공 같은 단어는 아무런 의미가 없다.

삶은 성장이다.

성장을 멈추면 영적으로도 실제로도

죽은 거나 다름없다.

습관 ✦ Habit

평범한 일을 평범하지 않은 방식으로

농학박사 조지 워싱턴 카버George Washington Carver는 흥미로운 인생을 살았다. 역사 속 진정한 거물에게서 교훈을 얻고자 한다면, 카버의 삶에서 많은 걸 배울 수 있다.

그는 이렇게 말했다. "평범한 일을 평범하지 않은 방식으로 할 수 있을 때 온 세상의 이목을 끌 수 있다."

평범한 일을 평범하지 않은 방식으로 하는 습관을 들이면 세상의 이목만 끌 수 있는 게 아니다. 흥미진진한 삶, 매일 만족이 가득한 삶이 보장된다.

당신과 나는 평범한 일에 매일 상당히 많은 시간을 투자한다. 별로 중요하지 않아 보여서 아무 생각 없이 할 때도 많다.

H

평범한 일은 그 자체만 떼어놓고 보면 그리 중요하지 않을지도 모른다. 하지만 평범한 일이 나란히 이어지면 무척 중요해진다.

평범한 일을 평범하지 않은 방식으로 하는 것이야말로 아마추어와 프로를 나누는 기준이다.

작가 로버트 A. 러셀Robert A. Russell은 위대함을 키우는 건 무척 단순해서 누구나 할 수 있다고 말했다. "그냥 매일 사소한 일을 위대한 방식으로 하면 된다." 러셀과 카버의 조언은 근본적으로 같다.

이 원칙은 그들에게 효과가 있었고, 당신에게도 있을 것이다.

바로 오늘 실천해 보자. 오늘 당신이 하는 모든 일이 아무리 평범하더라도 온 힘을 다해 평범하지 않은 방식으로 해야 한다. 특별히 더 애써보자. 열과 성을 다해 일하고 딴짓하느라 집중을 흩뜨리지 말자. 오늘 밤 잠자리에 들었을 때 자부심과 만족이 깃든 하루가 떠오를 것이다. 그렇게 내일도 똑같이 반복한다.

아니, 아예 습관으로 만드는 건 어떨까?

✦ ✦ ✦

하찮은 일 같은 건 없다.

하찮은 자세만 존재할 뿐이다.

같은 생각이나 행동을 반복하면 습관이 되고,

충분히 자주 반복하면 자동 반사가 된다.

훌륭한 사람은 말은 겸손하게 하고

말한 것보다 훨씬 더 많이 행동한다.

II

삶의 열정을 회복하려면 연기를 하라

가끔씩 우리는 지금 하는 일의 가치를 보지 못하고 삶에 대한 열정을 잃는다. 이때는 일뿐만 아니라 삶에 대한 의욕이 식어버린다.

지금부터 당장 매일 활용할 수 있는 열정 회복 방법을 몇 가지 소개한다.

1. 직장, 결혼, 그 밖의 모든 것은 처음에 아무리 흥미진진했더라도 주의하지 않으면 시간이 흘렀을 때 필연적으로('아마도'가 아니다) 진부해진다.
2. 살면서 매일 진부함과 싸워야 한다는 사실을 명심하자. 이때 활력을 유지하기 위해 매일 할 수 있는 일(해야 하는

일)이 있다. 간단한 배우의 기술이다. **그 역할대로 살거나 역할을 연기하면 된다.**

3. 미래가 없는 일은 없다는 사실을 깨달아야 한다. 사람과 마찬가지로 모든 일에도 미래가 존재한다. 그 미래가 위대할지, 보잘것없을지는 전적으로 그 사람에게 달렸다. 하찮은 역할은 없다. 하찮은 배우만 존재할 뿐이다.
4. 큰 그림(그 안에 당신이 있어야 한다)을 보라. 당신이 하는 일을 전체 상황과 연계해서 봐야 한다. 그들이 뭐라고 얘기하든 당신의 한계를 정하는 건 당신뿐이다.
5. 마지막으로 당신과 당신이 하는 일을 가장 중요한 사람의 눈으로 보는 능력을 끊임없이 개발하라. 그 사람은 바로 고객이다.

경제적으로 불안정한 때에는 자세가 흐트러지고 자기 연민에 빠지기 쉽다. 그럴 때일수록 건전한 태도를 몸에 익히고 기민함과 활력, 열정을 유지해야 한다.

삶에 대한 열정을 절대 잃어버리지 마라. 삶은 당신에 대한 열정을 잃지 않는다. 오늘 만나는 모든 이에게 뭔가 긍정적인 말을 하라.

H

✦ ✦ ✦

위대한 일은 열정 없이 성취된 적이 없다.

일터가 즐거우면 일이 한층 완벽해진다.

아이디어 ✦ Idea

사업을 두 배로 키우는 법

무슨 이유인지 사람들은 대부분 사업 확대를 고려하는 시점에 마음속으로 소심한 생각을 떠올리며 꾸물거린다. 확대를 한다고 해도 5%에서 10%, 15% 정도를 염두에 둘 뿐이다.

당신의 사업을 두 배로 키우겠다고 생각해라. 그렇다, 두 배라고 했다.

엑손Exxon 같은 다국적 기업의 회장에게는 터무니없는 생각일 것이다. 하지만 당신이 그런 자리에 있을 확률은 높지 않다. 실제로 그렇다고 해도 효율을 두 배로 키우는 것은 가능하다.

잠깐 함께 생각해 보자. 크게 생각한다고 해서 작게 생각할 때보다 에너지가 더 들어가지는 않으니, 이렇게 머리를 쓰는 활동을 계속하더라도 뇌가 터질 걱정은 안 해도 된다.

종이를 꺼내서 지금 사업의 두 배에 해당하는 수치를 맨 위에 적어보자. 당신의 위치상 능력이 돈으로 측정되지 않는다면, 지금보다 두 배로 유능할 때 무엇을 하고 있을지 상상해서 적으면 된다.

그다음 '어떻게?'라는 단어를 적는다. 이 주제를 고민하기 시작하면 할 수 없는 온갖 이유가 마음속에 날아들 것이다. 이런 생각들은 십중팔구 타당하지만 비생산적이다. 잊어버리자. 이런 걸 적을 자리는 없다고 말해라. 그리고 계속 생각하자. 잠시 후에는 긍정적인 아이디어가 흐르기 시작할 것이다.

터무니없어도 좋으니까 모두 종이에 적어라.

이런 긍정적인 아이디어는 더 나은 아이디어가 샘솟도록 도와준다. 토론토에 사는 내 친구 알 스피지리Al Spizzirri는 이 방법을 활용해서 연 소득을 1만 8000달러에서 50만 달러로 올렸다.

우리 회사도 이 개념을 통해 캐나다에서 미국 전역, 호주, 그리고 뉴질랜드까지 사업을 확장했다.

사업을 두 배로 키워라. 얼마나 흥미진진한 생각인가.

✦ ✦ ✦

비전은 다른 사람에게 보이지 않는 것을

보는 기술이다.

I

상상력 ✦ Imagination

비논리적인 목표를 달성하는 사람들

경이로운 정신과 꿈을 덮고 있는 뚜껑을 열어라. 목표를 달성하는 사람들은 스스로 한계를 정하지 않는다. 갈망의 대상과 당신이 함께 있는 모습을 선명하게 상상할 수 있다면 그게 무엇이든 가질 수 있다. 상상력은 가장 놀라운 능력이다.

모든 목표 성취자가 하는 일을 따라 하고 적절하게 응용하라.

항상 안전한 길만 선택하는 사람들이 있다. 그들은 노력이나 위험 없이 감당할 수 있다고 확신하지 않으면 절대로 덤비지 않는다. 그러니 승리하지도 패배하지도 않는다. 그래서 이들은 자신의 정신력이나 인내심이 얼마나 위대한 힘을 발휘할 수 있는지 배우지 못한다.

반면 목표를 달성하는 사람들은 미래의 선구자이며 새로운 길을 찾는다. 목표는 감정에 불을 붙일 만큼 크고 흥미진진해야 한다.

무엇을 목표로 삼을지 결정할 사람은 당신뿐이다. 다른 사람(배우자, 부모, 고용주 혹은 동료)이 의견을 내기도 하지만 오직 당신만이 최종 결정을 내릴 수 있다.

이 세상에 당신의 목표를 대신 세워줄 수 있는 사람은 존재하지 않는다. 누군가 그러려고 시도한다면(아마 그럴 것이다) 그러지 못하게 막아야 한다. 다른 사람이 세운 목표, 남을 기쁘게 하기 위한 목표에 헌신하지 마라.

목표는 필요한 것이 아니라 당신이 진심으로 원하는 것이어야 한다. 필요에는 영감이 존재하지 않는다. 원하는 것에만 존재한다. 목표가 논리적일 필요는 없다. 사실 터무니없이 비논리적일 때 훨씬 많은 영감을 얻을 수 있다.

목표를 향해 가는 길은 험난하기 마련이다. 그러니 목표에 도달한다는 생각에 감정적으로 몰두하는 게 무척 중요하다.

✦ ✦ ✦

상상력은 연습으로 발달하며, 일반적인 인식과 달리
어린아이보다 어른의 상상력이 더 강력하다.

큰 성공은 항상 큰 기대라는 틀 속에서 이뤄진다.

위대하고 고귀한 비즈니스는 모두
안전해지고 싶은 욕구와 대립한다.

방법은 따라오기 마련이다

성공하지 못한 사람들은 행동하지 않는 편이 안전하고 부담되지 않는다는 사실을 알고 있다. 모든 신호가 초록색이 되어야만 움직이는 사람을 상상해 보자. 말도 안 된다고 생각하지 않는가?

하지만 많은 사람이 정확히 이런 식으로 살아간다. 이

들은 머릿속으로 잠깐이라도 아이디어를 품으려 하지 않는다. 어떻게 진행하거나 달성해야 할지 불확실하기 때문이다.

전체적인 그림을 못 그렸다고 해서 목표를 거부하지 마라. 지금 그 목표를 실현할 자원과 인력, 전문성을 다 갖추지 않았다고 해서 환상적인 꿈을 마다하지 말자. 그 순간에는 불가능해 보인다고 해도 대단한 목표를 고수해야 한다.

라이트 형제Wright Brothers가 처음에 프로젝트 재정을 어디에서 마련할지, 목표를 물리적인 형태로 구현해 줄 사람을 어디에서 찾을지 불확실해서 그 경이로운 아이디어를 포기했다면 비행기는 존재하지 않을 것이다.

분명한 삶의 목표를 수립하되 목표가 어떻게 결실을 볼지 걱정하지 마라. 목표를 설정하고 몰입해라. 그리고 마지막에 어떤 결과가 나오는지 그냥 지켜보자.

그림을 창조하고 몰입할 수 있다면 달성할 방법은 따라오기 마련이다. 이때 이 아이디어가 부담스러운지 아닌지는 고려 대상이 아니라는 점을 기억하자. 이 시점에서 그건 중요하지 않다. **끈기 있게 계속한다면 달성 방법은 자동으로 따라**

온다.

사상가 토머스 칼라일Thomas Carlyle은 이렇게 말했다. "보이는 만큼 가라. 거기 도착하면 얼마나 더 멀리 갈 수 있는지 보인다."

✦ ✦ ✦

확실한 것을 요구하며 머뭇거리는 자가
위대한 일을 해낸 역사는 없다.

고귀한 꿈을 꾸면 꿈꾸는 대로 될 것이다.
비전은 언젠가 이뤄질 약속이며
이상은 결국 밝혀질 예언이다.

개성 ✦ Individualism

나는 남들과 다르다고 말할 용기

헨리 포드Henry Ford는 다음과 같은 말을 했다. "모든 포드 자동차는 완전히 똑같지만 두 사람이 같은 법은 없다. 모든 새 생명은 하늘 아래 둘도 없이 새롭다. 예전과 같은 것은 존재하지 않으며 앞으로도 없을 것이다. 젊은이는 자신을 그렇게 생각해야 한다. 타인과 나를 구분하는 개성의 불꽃을 찾아내고, 온 힘을 다해 개발해야 한다. 사회와 학교는 모든 걸 같은 틀에 넣으려는 경향이 있어서 개성을 없애려 들겠지만, 자신만의 불꽃이 사라지게 하지 마라. 당신에게 진정 중요한 건 개성뿐이다."

포드가 남긴 훌륭한 조언은 진지하고 꼼꼼하게 생각해 볼 가치가 있다.

셀 수 없이 많은 이가 타인이 원하는 대로 되고 기대하는 대로 행동하려 하면서 인생을 낭비한다. 그들은 자신과 성격이 완전히 다른 사람들이 구축한 행동 패턴을 억지로 따른다.

이런 패턴에 순응하기 위해 개성의 불꽃을 완전히 끄고 다른 이를 모방하다 보면 흐릿한 거울상에 묻혀버리게 된다. 어디에도 뿌리내리지 못하고 불만족한 채 자기 본성과 직관, 타고난 욕망과 맞지 않는 존재의 한계 속에서 정체성을 찾으려고 고군분투하는 사람이 되는 것이다. 그러나 이런 노력은 대부분 헛되다.

왜일까?

주변 사람들이 무엇을 하든 직접 나서서 자기 일을 하려면 용기가 필요하다. 우리에겐 다수를 따르려는 경향이 있다. 그래야 한다고 배웠기 때문이다. 학교에서는 다른 모범적인 아이들처럼 행동하라고 가르친다. 그게 나쁜 걸까? 사람에 따라 다르다. 어떤 이는 이런 습관에서 결코 벗어나지 않으며 자기 개성을 개발하지도 않는다.

우리는 용감한 사람을 존경하고 용기가 부족한 사람은 겁쟁이라고 생각한다. 하지만 얼 나이팅게일은 그런 식으로 보지 않았다. 그는 **용기의 반대말은 겁이 아니라 순응**이라고 했다.

이 말을 곱씹을수록 공감할 수 있으리라 믿는다. 다수에게서 벗어나 규범에 맞서려면 용기가 필요하다. 다수를 따르지 않고 부당하게 비판받는 사람을 위해 나서는 데도 용기가 필요하다. 또래 친구들이 모두 나쁜 길로 빠지는 모습을 지켜보는 10대 청소년이 혼자 안 된다고 말하려면 용기가 있어야 한다.

무엇이 당신을 차별화하는지 생각해 본 적 있는가? 없으면 생각해야 한다. 헨리 포드가 말한 대로 하자. "온 힘을 다해 그 차이를 발전시켜라."

앞으로 누군가 규정에 따르라고 하면 당당하게 맞서라. 모두 안 된다고 말해도 용기를 내어 당신의 길을 가라. 순응해 봤자 어떤 보상도 주어지지 않는다.

✦ ✦ ✦

행복의 비결은 자유이며

자유의 비결은 용기다.

혁신 ✦ Innovation

비상식에서 출발하라

지나치게 남용되는 단어 '상식'과 '양심'을 조심해야 한다. 둘 다 그 시절의 도덕적 기준과 대중이 용인하는 의견을 기반으로 한다. '비상식'이야말로 모든 진보와 발명의 뒤편에 존재하는 진정으로 귀한 요소다.

얼마 전까지만 해도 사람들은 지구가 평평하다고 생각했다. 그렇게 믿는 게 '상식'이었기 때문이다.

모스 부호를 발명한 새뮤얼 모스Samuel Morse는 뉴욕에서 펜실베이니아로 메시지를 보낼 수 있게 전봇대를 세우려 했지만 뉴저지주에서 허가하지 않았다. 모스는 기기를 두드려서 전선을 통해 메시지를 보낸다는 개념이 '상식'에 맞지 않는다는 이유로 거절당했다.

라이트 형제가 노스캐롤라이나주 키티 호크에서 처음 비행을 시작했을 때, 그들이 정말 날았다는 걸 사람들이 믿기까지는 오랜 시간이 걸렸다. 사람이 하늘을 난다는 것이 '상식'이 아니었기 때문이다.

조금만 조사해 보면, 19세기로 전환할 무렵 여성이 몸을 완전히 가리지 않는 수영복을 입고 해변에 눕는 건 부적절한 일이었다는 걸 알 수 있다. 당시 사회의 엄격한 규칙과 품위 관념을 깨뜨리는 사람은 심한 비난과 처벌을 받았다. 사회는 이들에게 '양심'의 가책을 줬다.

물론 오늘날에는 누구나 아무런 제재 없이 햇빛과 해변을 즐길 수 있다. 오늘의 '상식'은 어제의 '상식'보다 훨씬 건전하다.

지금 우리의 생활 방식은 몇 년 전에 '부적절하다'라거나 '불가능하다'라고 낙인찍었던 규범을 기반으로 한다. 게다가 끊임없이 개선이 이뤄지고 있다.

신이 내린 능력을 100% 활용하여 성장과 진보를 한 몸처럼 추구하자. '비상식'을 활용하라.

✦ ✦ ✦

언젠가 인간이 새로운 이론은 모조리 위험으로,
혁신은 번거로운 골칫거리로,
사회적 발전은 혁명의 첫걸음으로 바라보고
움직이는 것 자체를 거부하는 때가 올까 봐 두렵다.

지식의 발전과 확산이야말로 진정한 자유의 수호자다.

다르게 생각하라.

끌어당김의 법칙 ✦ the Law of Attraction

긍정적인 진동과 부정적인 진동

왜 어떤 사람은 인생에 부정적인 상황을 끊임없이 끌어들이고, 또 어떤 사람은 좋은 상황만 끌어들이는지 고민해 본 적 있는가? 이 '끌어당김의 법칙' 이면에는 힘과 가능성이 존재한다. 당신이 법칙을 활용한다면 말이다.

당신은 살아 숨 쉬는 창의력 자석이다. 당신에게는 삶에 무엇을 끌어들일지 통제할 능력이 있다. 원하는 모든 좋은 것을 삶에 불러들이겠다고 의식적으로 결정하라. 역사 속에는 이런 우주의 자연법칙, 즉 끌어당김의 법칙과 조화를 이룰 줄 아는 소수의 정예 집단이 항상 존재했다.

이 법칙에는 자신과 조화를 이루는 것만 끌어당길 수 있다는 사실이 드러나 있다. 당신이 몸과 마인드를 포함해 이

L

우주에 있는 모든 것은 진동한다. 자기 몸을 현미경으로 들여다보자. 몸은 움직이고 진동하는 에너지 덩어리다.

마인드가 진동을 결정한다. 당신이 의식에서 선택한 생각이 진동 상태를 결정하는 것이다. **아무도 당신에게 하기 싫은 생각을 하도록 강요할 수 없다. 자유가 시작되는 지점이다.**

대부분의 사람에게는 문제가 시작되는 시점이기도 하다. 주변에서 일어나는 일이 생각을 좌우하게 두기 때문이다.

인구의 90%는 긍정적이길 원하지만 부정적이다. 부정적인 생각은 부정적인 진동을 일으키고, 결국 법칙에 따라 부정적인 상황을 끌어당기게 된다. 당신이 긍정적으로 생각하고 삶이 줄 수 있는 최고를 기대하면 끊임없이 좋은 것들을 끌어당기게 될 것이다. 당신에겐 그럴 자격이 있다.

✦ ✦ ✦

과학은 지식 체계보다 사고방식에 훨씬 가깝다.
생각을 물리적 실체로 바꿀 힘을 가진 건 인간뿐이다.
인간만이 꿈꾸고 꿈을 실현할 수 있다.

— 나폴레온 힐

리더십 ✦ Leadership

특출한 리더의 조건

지위가 리더를 만들지는 않는다. 진정한 리더십에는 훨씬 많은 요소가 존재한다. 당신의 명함에 사장이나 대표라고 적혀 있거나 당신에게 부하 직원이 있더라도, 이것이 당신이 리더라는 뜻은 아니다.

리더십에는 리드하는 능력이 필요하다. 리더는 자기가 어디로 가는지 알고, 함께 가자고 다른 사람을 설득할 수 있는 사람이다.

조직에 돈이 없으면 빌리고 설비가 부실하면 지으면 되지만, 리더십이 부족하면 앞으로 조금이라도 생존할 가능성은 기대하기 힘들다.

특출한 리더의 조건은 무엇일까? 몇 가지 특성을 소개한다.

L

뛰어난 리더는 솔선수범한다. 일을 마무리하라고 재촉할 필요가 없다. 이들은 외부 자극이 주어지지 않아도 불을 꺼트리지 않는다.

뛰어난 리더는 겸손하다. 아무도 자만심으로 가득한 사람을 옆에 두고 싶어 하지 않는다. 빌리 그레이엄Billy Graham은 이렇게 말했다. “세상에서 가장 보잘것없는 꾸러미는 아집으로 둘둘 둘러싸인 사람이다.”

뛰어난 리더는 감정을 능숙하게 통제한다. 어쩌다 한 번씩 감정을 터뜨리는 게 나쁜 건 아니다. 다만 감정을 통제하지 못하면 수많은 잠재 리더의 역량을 망칠 수 있다.

뛰어난 리더는 유머러스하다. 유머는 사람을 매료한다. 다른 사람을 웃게 할 수 있는 능력은 틀림없이 귀한 자산이다.

뛰어난 리더는 긍정적이다. 누구나 긍정적인 사람에게 끌린다. 항상 불쾌한 상태거나 밑도 끝도 없이 비관적인 사람을 누가 따르고 싶겠는가? 어둡고 부정적인 세상에서는 긍정적인 리더가 빛을 발하며 사람을 끌어모은다.

세상에는 두 가지 유형의 인간이 존재한다. 하나는 리더, 다른 하나는 추종자다. 두 그룹이 받는 보상은 막대한 차이가 있다. 어느 쪽이 될지 결정할 사람은 당신뿐이다.

✦ ✦ ✦

진정한 리더는 리드할 필요가 없다.

방향을 가리키는 것으로 충분하다.

— 헨리 밀러Henry Miller

스스로 말 위에 있을 때 우스워 보인다고 생각하면

기병대를 리드하기는 어렵다.

L

경영 ✦ Management

우리는 두 사람이다

사업, 산업을 막론하고 업계에서 능력 있는 관리자라면 굳게 믿는 심리학적 진리가 존재한다. 이 진리를 깊이 이해하는 것이 애초에 그들이 유능해진 이유기도 하다. 하지만 대부분의 사람은 잘 깨닫지 못하는 개념인데, 바로 이것이다.

인간은 누구나 두 사람이다.

어떤 사람이든 인간에게는 두 가지 자아가 있다는 뜻이다. 첫 번째, 주변인에게 내보이는 자아다. 스스로 생각했을 때 다른 이가 원하는 모습을 가장 잘 나타내는 듯한 피상적인 모습이며, 대체로 우리를 반영하는 거울상이다. 두 번째, 진정한 자아다. 이것은 다른 사람은 물론이고 자신의 눈길까지 피해 숨겨놓는 경우가 많다.

이상적으로는, 완전히 성숙하고 자아를 실현한 사람에게서 이런 이분법은 사라진다. 이 사람은 통일을 이뤘고 안팎을 뒤집어도 완벽한 한 명이다. 이 사람에게 전쟁은 끝났다. 내면의 평화를 얻었으며 완전히 자유롭다.

유능한 관리자는 모두 의식적이든 무의식적이든 이런 목표를 추구하기 마련이다. 이들은 각 개인을 이 궁극적 목표로 인도하여 더 생산적인 성격으로 발전하도록 돕고 싶어 한다.

노련한 관리자는 사람들의 내적 자아와 내면의 진정한 정체성은 세상에 내보이는 표면적 모습과 별로 관련이 없다는 사실을 알고 있다. 보호된 내면의 인격은 부드럽고, 여리고, 극도로 취약하다. 또한 그 사람의 마음속에 존재하는 진짜 공포를 없애려는 조언에 특히 민감하게 반응한다. 노련한 관리자는 이 사실을 이해하여 예민한 공포를 하프처럼 연주한다.

유능한 관리자나 부모는 성취나 마음의 평화, 성공과 생산성을 가로막는 공포를 완전히 없애거나 일부라도 제거하게 유도한다.

M

그렇다. **우리는 대부분 두 사람이다. 유능한 관리자는 두 사람을 어떻게 생산적인 한 사람으로 이끌어야 할지 이해하고 있다.**

✦ ✦ ✦

자기 존중, 자기 지식, 자기 통제.

이 세 가지만으로도 인간은 절대 권력을 얻을 수 있다.

- 앨프리드 테니슨

진정한 자신이 돼라.

멘토 ✦ Mentor

위대한 사람들을 연결하는 황금 실

오래전에 깨달은 아주 흥미롭고 유쾌한 사실이 있다. 누구보다 강하고, 성공적이며, 헌신을 지향하는 사람들은 역사상 변화를 일으켰다고 기록된 사람들의 말을 자주 인용했다는 것이다. 케네디는 링컨을, 처칠은 아리스토텔레스의 말을 인용했다.

이들의 삶을 잇는 이 황금 실을 관찰하고 곰곰이 생각한 결과, 누군가의 말을 인용하려면 그 사람이 한 말이나 행동을 연구해야 한다는 걸 깨달았다.

M

이들은 자기가 하는 말을 제대로 알고 있다는 걸 증명한 위대한 인물들의 조언에서 배움을 얻고자 노력했다. 나는 이런 성취자를 모방하고 싶은 마음에, 이들의 삶과 조언을 연구하기 시작했다.

만약 당신이 이런 연구를 하고 있지 않다면 이제부터 시도하라.

제2차 세계대전 당시 미국의 조지 S. 패튼George S. Patton 장군은 적군을 지휘했던 에르빈 롬멜Erwin Rommel 원수의 삶과 철학을 연구했다. 결과는 대성공이었다. 패튼은 '사막의 여우'라는 별명으로 더 잘 알려진 적을 물리쳤다.

위대한 인물들은 하나같이 해리 에머슨 포스딕Harry Emerson Fosdick의 조언을 따랐다. "말은 마구를 채우기 전에는 아무 데도 가지 못한다. 증기나 가스는 정제하지 않으면 아무것도 움직일 수 없다. 나이아가라라고 할지라도 수로를 내지 않으면 빛과 동력을 얻지 못한다. 그 어떤 삶도 집중하고, 헌신하고, 수련하기 전에는 위대해지지 않는다."

마음속으로 이 문장을 되새기다 보면 틀림없이 배우는 게 생긴다. 포스딕의 조언을 받아들이고 실천하면 스스로 얼마나 유능해지는지 느낄 것이다. 역사에 낙오자로 기록되진 않을 거라고 장담한다.

일단 시도하고, 어떻게 되는지 지켜보자.

✦ ✦ ✦

모름지기 인간이라면,

실패하더라도 위대한 일을 했던 사람들을 존경해야 한다.

자연에는 고립된 것이 없다.

이전에 있었든, 함께 있었든,

아래나 위에 있었든

모든 것은 서로 연결되어 있다.

M

정신 ✦ Mind

가장 훌륭한 기계, 우리의 뇌

당신이 지금까지 출시된 것 중에 가장 훌륭한 자동차를 소유했다고 상상해 보자. 모종의 마법이 작용하기 때문에 그 차는 손댈 필요도 없다. 상태는 항상 완벽하다.

당신은 이 자동차를 먼지 하나 없는 환경에 주차해 놓고 일주일에 한 번 동네 상점에 갈 때만 이용한다.

이 이야기가 우스꽝스럽게 들릴 것이다. 그런데 우리에겐 이 자동차보다 훨씬 귀한 것이 있다. 그리고 뭔가 이상한 이유로 대부분의 사람이 이것을 사용하는 빈도는 내가 말한 자동차 못지않게 낮다.

바로 우리의 뇌다. 뇌는 우리 몸의 관리자이자 정보 처리 센터다. 체중에서 차지하는 비율은 2%에 불과하지만 혈액

공급량의 20%를 독차지하는 장기이기도 하다.

뇌는 굳이 도와주지 않아도 알아서 존재하는 듯하다. 먹기도 제일 먼저 먹는다. 즉, 다른 부위로 가야 하든 말든 혈액에서 자기 몫의 영양을 먼저 챙긴다는 뜻이다. 영양이 부족할 때도 뇌로 가는 영양소는 가장 마지막까지 줄어들지 않는다. 이 세상에서 지금껏 진화해온 모든 것을 통틀어 가장 강력한 장치라고 할 수 있다.

미국 최대의 기업에서 데이터 처리를 담당했던 노먼 빈센트 필Norman Vincent Peale 박사는 향후 10년간 일어나는 일은 현재의 데이터 처리 방식을 모조리 원시적으로 보이게 할 거라고 말했다. 하지만 앞으로 일어날 일은 당신의 뇌에 비하면 장난감에 불과하다고도 했다.

둘 다 맞는 말이다.

당신은 뇌를 활용하여 생각하고, 아이디어를 구축하고, 어떤 문제든 해결한다. 말 그대로 뇌를 통해 삶을 바꿀 수 있다. 뇌는 미세하게 조정되고 알아서 유지되며, 당신이 어디를 목표로 하든 그곳으로 기꺼이 데려다줄 것이다.

의식과 잠재의식의 내부 작용을 이해하면 뇌의 능력을 활용할 수 있다. 뇌는 정신의 도구이자 전자 개폐 장치다.

정신은 모든 창조물 중에서 가장 강력한 존재다.

✦ ✦ ✦

미래를 장악할 제국은 정신의 제국이다.

살면서 필요한 모든 변화는 상상력 속에 숨어
당신을 기다리고 있다.
상상력은 정신의 작업장이며
정신 에너지를 성취와 부로 바꿀 수 있다.

정신은 채워야 할 그릇이 아니라 붙여야 할 불이다.

돈 ✦ Money

백만장자와 당신의 차이점

백만장자가 되면 어떨까? 얼굴에 함박웃음이 드리울 것이다. 대부분의 사람은 은밀하게 생각한다. '물론 백만장자가 되면 좋긴 하겠지. 그러려면 복권에 당첨돼야겠지만.'

글쎄, 복권 당첨도 백만장자가 될 방법이지만 당첨될 확률은 말도 안 되게 낮은 편이다.

만약 당신이 진지하게 백만 달러를 벌기로 결심한다면 그 확률을 크게 키울 수 있는 방법이 있다.

북미 지역에서만 매년 수천 명이 백만장자에 등극한다. 이 신입 백만장자들은 부자가 되기 전부터 각자 백만장자라는 자아상으로 시작했다. 이들은 백만장자가 된 자기 모습을 실제로 그려봤다.

굳이 내 말을 믿지 않아도 좋다. 실제 백만장자들을 조사해 보자. 내 주위에는 없어도 이 분류에 해당하는 사람은 많으니 부자가 된 남성과 여성의 전기, 자서전을 살펴봐라. 그들이 이 정예 집단에 들어간 건 우연이 아니라는 사실을 금방 깨달을 것이다. 이들은 백만장자가 되겠다고 의식적으로 진지하게 결심했다.

종이를 꺼내서 맨 위에 백만이라는 수치를 적은 다음 더 작은 단위로 나눠보자. 그러면 이 아이디어가 좀 더 현실적으로 보인다. 그다음 다른 종이에 계획을 실천할 방법을 전부 적어라.

이미 백만 달러를 벌어들인 수많은 사람보다 당신이 훨씬 계획적이라는 데 백만 달러를 걸 수 있다. 당신과 그들의 차이는 무엇일까?

그들은 실천했다는 점이다.

아이디어를 이리저리 시험해 보자. 백만 달러가 그리 큰 돈이 아니라는 사실을 금방 깨달을 수 있다.

✦ ✦ ✦

경제적 이유만 있다면 가난보다는 돈이 낫다.

좋은 일을 하고 싶으면 부자가 되어라

좋은 삶에는 돈이 많이 든다. 돈이 덜 들게 사는 방법도 있지만, 별로 좋은 삶은 아니다.

오늘날 빠르게 움직이는 물질만능주의 세계에서 좋은 삶을 살려면 돈이 많이 든다. 그렇다고 상심하지는 말자. 진심으로 원한다면 얼마든지 좋은 삶을 즐길 수 있다.

삶에서 중요한 변화를 일으키겠다고 확실히 다짐하고, 이것을 기억하자. '돈은 확실히 삶을 더 편하게 해준다.'

안타까운 일이지만, 선한 의도를 지닌 가난한 사람들이 돈은 중요하지 않고 살면서 좋은 일을 하고 싶을 뿐이라고 말하는 경우가 많다.

1910년, 월리스 D. 와틀스Wallace D. Wattles는 『부자가 되는 과학적 방법The Science of Getting Rich』을 썼다. 위와 같은 말에 대

M

해 와틀스가 내놓은 답은 "좋은 일을 하고 싶으면 먼저 부자가 되어라"였다.

와틀스의 말이 옳다. 돈이 없다면 당신이 하고 싶은 좋은 일은 물리적 사정에 따라 언제 한계에 부딪힐지 모른다. 하지만 돈이 많으면 물리적 사정이 미치지 못하는 먼 곳에서도 다른 사람에게 도움을 줄 수 있다.

당신은 현재의 경제적 위치와는 상관없이 원하는 만큼 돈을 가질 수 있다. 하지만 **그러려면 돈을 벌어야 한다. 사람들은 대부분 이 사실을 간과하고 살아간다.**

지금껏 삶에서 부란 당신의 손아귀를 빠져나가는 존재였는가? 그리 드문 일은 아니다. 부는 수많은 사람에게서 빠져나갔다. 이 현상을 어떻게 해보겠다는 당신의 결심이야말로 드문 일이다.

도서관이나 서점에는 부에 대해 알려주는 훌륭한 책들이 있다. '돈을 더 많이 버는 법'을 가르치는 세미나에 참석해 보자.

부자가 되겠다고 결심했다면 누구의 말에도 흔들리지 마라.

✦ ✦ ✦

부를 창조하는 자체가 잘못이 아니라
돈 자체만 사랑하는 것이 잘못이다.

— 마거릿 대처Margaret Thatcher

주고, 주고, 또 줘라.
주지 않는다면 경험과 지식, 재능이 무슨 소용인가?
남에게 말하지 않는 이야기,
나누지 않는 부가 왜 필요한가?
이런 것들과 함께 화장될 마음은 전혀 없다.
나는 주는 행위를 통해
타인과 세상, 그리고 신과 소통한다.

— 이사벨 아옌데Isabel Allende

M

동기부여 ✦ Motivation

트로피, 상패, 그리고 자격증

어느 집이나 사무실에 가면 무엇인가 성취를 인정하는 트로피나 상패, 자격증이 있기 마련이다.

이런 상은 인간의 삶에서 중요한 역할을 한다. 우리가 인정받을 만한 일을 할 수 있다는 사실을 일깨우기 때문이다. 또한 엔진을 가동할 연료를 공급하며 더 훌륭한 성취와 개인적 성장에 매진하도록 격려하는 역할도 한다.

이런 트로피는 선택하기에 따라 목적 달성에 도움이 될 수 있고, 될 것이다.

한편 심각한 문제를 일으킬 수도 있다. 머리 위의 월계관에 안주하고 자화자찬하며, 성공했던 영광스러운 지난날을 곱씹어 얘기하다 보면 창의력은 사라지고 계속 상을 받으려면 필요한 노력은 하지 않게 될 수도 있기 때문이다.

우리가 얼마나 잘하고 있고 앞으로 잘할 수 있을지 확인하는 데 상패나 트로피가 꼭 필요하진 않지만, 이것들은 때로 유용하게 쓰이기도 한다. 긍정적 강화Positive Reinforcement(특정 반응이나 행동을 하고 나서 그 행동의 빈도나 확률을 높일 수 있게 긍정적 자극을 제공하는 전략)는 우리에게 유익하다.

지난 성취를 돌아보는 행위를 긍정적으로 활용하자. **마지막으로 상을 받은 날짜를 마음속에 적어두자. 그리고 지금 나는 무엇을 하고 있는지 인식하라.** 이러한 인식이 없으면 자칫 순응의 쳇바퀴에 굴러떨어져서 다른 사람들의 속도대로 움직이기 쉽다.

상은 확실히 인생에서 회복의 원천으로 작용한다. 과거의 즐거웠던 기억을 떠올리는 계기가 되기도 한다.

삶이라는 게임은 처음 상을 받을 때부터 마지막 상을 받을 때까지 진행된다. 이다음에도 상을 받을 만한 성과를 올려보자.

✦ ✦ ✦

M

교정도 중요하지만 격려가 더 큰 역할을 한다.

— 요한 볼프강 폰 괴테Johann Wolfgang von Goethe

사람들의 열정을 불러일으키는 능력이야말로
내가 가진 가장 위대한 자산이라고 생각한다.
사람들에게서 최고를 끌어내는 방법은 감사와 격려다.

— 찰스 슈와브Charles Schwab

자신감은 정직과 명예, 의무의 신성함,
충실한 보호와 헌신적 성과 속에서 굳건해진다.
이런 요소가 없으면 살아남지 못한다.

— 프랭클린 D. 루스벨트Franklin D. Roosevelt

아군이 적군이 될 때

나는 최근에 다양한 자기계발 프로그램에 열중하는 젊은 여성과 대화를 나눴다. 그녀의 삶은 안팎으로 빠르게 변화하는 참이었다. 그녀는 자기가 처한 상황이 독특하다고 생각하고 이 문제에 어떻게 대처해야 하는지 조언을 구했다.

이야기를 듣고 나서 나는 이것이 어떤 상황인지 정확히 파악할 수 있었다. 몇 년 전에 나도 겪었던 일이기 때문이다. 나는 금세 그녀의 상황이 흔하다고 장담했다.

의도적으로 자기 삶의 질을 개선하려는 사람은 거의 모두 같은 딜레마에 빠진다.

이 여성은 상황이 힘들어지고 자신을 응원해 줄 사람이 가장 필요한 순간에 적군과 마주친다고 했다.

무슨 뜻인지 아마 의아할 것이다. 한번 알아보자.

사람들은 새로 발견한 긍정적인 방식을 실천하고 간절히 기다리던 변화를 일으키려 할 때, 주변 사람들과 무엇인가 어긋나고 있다는 걸 느낀다. **그들이 중요하게 생각하는 친구도, 가족도 지금 시작하려는 변화를 좋아하지 않는다는 사실을 깨닫는다.**

더 이상한 건 그런 반응을 보이는 사람들은 당신이 잘되길 바란다고 말한다는 점이다. 그리면서도 당신이 지금 이

M

자리에 머무르길 바란다. 한 인간으로서 지금의 현실은 완전히 엉망인데도 말이다.

이유가 뭘까?

단순하다. 이 젊은 여성의 삶에 함께하는 사람들은 정해진 방식으로 상호 작용을 하는 데 익숙하다. 이 상호 작용은 그녀의 예전 모습을 기반으로 한다. 그러다 그녀가 바뀌면 소통 방식도 바뀌어야 하니, 주변 사람들은 변화에 저항한다. 그러면 당연히 갈등이 발생한다.

그녀가 새로운 길을 헤쳐 나가는 데 도움이 될 거라고 믿었던 많은 친구가 갑자기 적으로 바뀐다. 안 그래도 내면의 옛 습관과 싸워야 하는데 설상가상으로 주변 사람들과도 싸워야 한다.

당신이 이런 상황에 맞닥뜨렸다면, 내가 이 여성에게 제안한 대로 하기 바란다. 계속 나아가라. 이 모퉁이를 돌아서면 당신을 응원해 줄 사람들이 있을지도 모른다. 더 나은 자신을 원하는 사람들, 개선과 성장을 도와줄 수 있는 당신과 비슷한 사람들을 만날 수 있다. 더욱더 긍정적이고 당신의 삶을 지지하는 사람들이 이끌려 오고, 당신은 결국 승리할 것이다.

✦ ✦ ✦

진정 우리를 돕는 것은 친구의 도움보다는

그 도움에 스며 있는 신뢰다.

— 에피쿠로스Epicurus

M

장애물 ✦ Obstacle

장애물 코스를 끝내면 보이는 것

누구나 살면서 장애물을 맞닥뜨린다. 성공적인 삶의 비결은 장애물이 나타나면 정복하는 데 있다.

나는 오래전에 해군에서 받았던 기본 훈련을 어제 일처럼 기억한다. 말도 안 되는 시간에 잠자리를 걷고 일어나 추위에 떨면서 장애물 코스를 행군해야 했다.

당시 나는 아주 어렸고 해군이 무슨 일을, 왜 하는지 전혀 이해하지 못했다. 그때 내 눈에는 정부에서 가학 성향이 있는 사람들을 고용해서 장애물 코스를 설계한 것처럼 보였다. 나는 진지하게 그들이 우릴 죽이려 한다고 믿었다.

그 경험을 통해 조금 더 현명해지고 확실히 더 부유해진 지금, 돌이켜 보니 그들이 우리를 소년에서 강한 남자로 성장시키려 했다는 사실을 깨닫게 되었다. **그 장애물 덕분에 나와 동료들은 예전에는 몰랐던 내면의 무언가와 접촉했다. 오래전에 놓쳤던 뭔가 다른 진정한 가치를 이제는 알아볼 수 있다.**

행군을 하기 전에는 다들 분노와 적대감을 느꼈지만, 끝나고 돌아온 건 열의에 찬 사람들이었다. 녹초가 됐지만 그럼에도 열정이 넘쳤다. 우리는 목표를 달성했고 장애물을 극복했다. 행군 전에는 가학적이라고 생각했던 리더들이 승리하고 돌아오자 갑자기 좋은 사람으로 보였다. 우리는 그들과 함께 농담하며 웃었다.

지금 장애물 코스로 의심되는 상황에 맞닥뜨렸다면 나서서 그 장애물과 대면해라. 장애물을 극복하면 더 강하고 현명하고, 행복해질 거라고 장담한다.

O

✦ ✦ ✦

극복해야 할 한계가 없으면
인간의 경험에 존재하는 경이로운 풍요는
보람의 기쁨을 상실한다.

가로질러야 할 어두운 계곡이 없으면
산 정상에 올랐을 때 기쁨은 절반이 될 것이다.

성공은 인간이 인생에서 이룩한 지위가 아니라
성공하려고 노력하는 과정에서
극복했던 장애물로 측정된다.
— 부커 T. 워싱턴Booker T. Washington

행동은 곧 그 사람의 성격이다.

기회 ✦ Opportunity

30일 프로젝트

극작가 조지 버나드 쇼George Bernard Shaw는 말했다. "사람들은 항상 자기 상태의 원인으로 상황을 탓한다. 나는 상황을 믿지 않는다. 성공하는 사람들은 자기가 원하는 상황을 찾아나서고, 찾을 수 없으면 만들어낸다."

오늘부터 시작해서 앞으로 30일간, 당신의 환경을 통제해 보자.

수백만 명의 사람들이 매일 황금 같은 기회를 놓친다. 원하는 것을 얻으려면 꼭 성취해야 하는 것들을 환경이 방해하게 내버려 두기 때문이다.

"이거 혹은 저걸 하고 싶은데 할 수 없어. 왜냐하면…." 이런 말을 하거나 생각이 들 때는 이 사실을 떠올려라.

O

'왜냐하면' 뒤에 나오는 건 모두 환경이다. 그런 말을 하는 순간 환경이 당신을 좌우하고 있다는 사실을 깨달아야 한다.

나는 유명한 판매 조직을 책임지는 경영자와 대화한 적이 있다. 그는 연간 할당량의 15%를 채우지 못했다고 했다. 내가 부족분을 만회하기 위해 뭘 할 생각이냐고 묻자, 그는 그건 불가능하다고 대답했다. 그다음에는 자신의 상황을 정당화했다.

일본의 체조 선수 후지모토 슌은 고관절부터 발가락까지 골절되는 고통을 감내하면서도 몬트리올 올림픽의 금메달리스트가 되었다. 그는 환경이 꿈을 방해하도록 내버려 두지 않았다.

1950년대에는 서류 가방에 고성능 컴퓨터를 넣기 힘든 타당한 이유가 있었다. 누군가는 그 이유를 받아들이지 않았고, 오늘날 당신은 서류 가방에 컴퓨터를 넣고 다닌다.

위대한 성취자가 꿈을 실현하는 건 환경이 자신을 방해하는 걸 용납하지 않기 때문이다.

✦ ✦ ✦

아폴로 11호가 이룬 중요한 성과는
인류가 이 행성에만 영원히 얽매이지 않으며
그보다 먼 곳까지 비전이 뻗어 있고,
기회는 무한하다는 사실을 보여 준 데 있다.

— 닐 암스트롱Neil Armstrong

당신이 결심하면 우주는
그것을 실현하기 위해 작당모의를 한다.

인간이 환경의 산물이 아니라 환경이 인간의 산물이다.
우리는 자유로운 존재이며 인간은 물질보다 강하다.

O

남의 떡이 커 보일 때

우리는 대부분 '더 푸른 초원Greener Pastures(영어권에서 '좀 더 나은 직장'이라는 뜻으로 쓰인다)'이라는 표현을 상당히 어린 시절부터 접하고 꿈꾼다.

하지만 내가 보기에 더 푸른 초원의 진실을 이해하는 사람은 무척 드물다.

다른 어딘가에 더 큰 기회가 있다는 희망이 온 인류에게 끝없이 샘솟는 것만 같다. 나는 이런 인간의 고유한 특성, 혹은 약점이 모든 발견의 근본이라고 본다. 하지만 많은 이가 다른 초원만 생각하고 자기 초원은 제대로 살펴보지 않는다는 건 참으로 애석한 일이다.

우리는 다른 이가 무엇을 하는지 지켜보고 그들의 초원에 가고 싶어 하지만, 다른 이는 우리의 초원에 있고 싶어 한다.

사람들은 내가 하는 일을 하고 싶다고 말한다. 내 삶을 돌이켜 보면 남이 가진 기회가 무척 좋아 보여서 내 초원의 울타리를 넘어가려 했던 때가 분명히 있었다. 다시 내 울타리로 넘어왔을 때는 잠깐의 외도로 수천 달러에 달하는 비용이 들었고 내 자아는 큰 상처를 입었다. 왠지 다른 사람이 일하는 분야에서의 성공이 항상 더 쉬워 보인다.

변화를 일으키지 말라는 뜻이 아니다. 완전한 변화는 건전한 경우가 많다. 하지만 무턱대고 바꾸기 전에 현재 하는 일을 시간을 들여서 세심하게 살펴볼 필요가 있다.

나폴레온 힐은 기회를 찾아나서지 말고 지금 있는 곳에서 손을 뻗어서 기회를 잡으라고 했다.

현재 우리가 하는 일에는 수많은 기회가 존재하고, 당신이 하지 않으면 다른 이가 이득을 볼 가능성이 크다. 이미 보유한 기회를 활용하여 어디든 원하는 곳으로 향하는 계단을 쌓을 수 있다. 여기서 핵심은 당신이 '원하는 것'이다.

✦ ✦ ✦

지금 이 순간 당신은
'다이아몬드 밭' 한가운데 서 있다.

사소한 기회가 위대한 기업의 시작이 되곤 한다.

태도를 바꾸면 삶이 다르게 보일 뿐만 아니라
삶 자체가 달라진다.

O

위기는 두 글자다

'위기crisis'를 한자로 적으면 두 글자다. '위危'는 위험을 뜻하고 '기機'는 기회를 뜻한다. 위기가 닥치면 위험과 함께 기회도 온다.

위기는 지혜를 키울 기회로 작용한다. 위기가 찾아올 때마다 이런 자세로 접근하면 매번 기회를 발견하고 유용하게 활용할 수 있다. 이런 태도는 끊임없이 성장할 수 있는 정신적 무대가 된다.

누구에게나 문제는 생기고 위기를 맞닥뜨리게 된다. 성공한 사람들은 위기가 찾아오면 지혜와 정신력을 동원하여 기회를 찾아낸다. 위대한 리더들 다수는 이런 특성을 타고난 것이 아니라 스스로 키웠다. 중요한 건 위기에 대처하는 방식이다.

유명인들은 대부분 정신력이 무척 강하다. 그들의 삶은 이를 지켜보는 수많은 타인들에게 공개적으로 비판당할 때가 많다. 많은 이가 이런 상황을 견디기 힘든 위기로 받아들인다. 하지만 높은 목표와 이를 달성하려는 강한 욕망이 있는 사람은 공개적 비판을 불쾌해도 필요한 경험이라고 본다.

다이아몬드는 원래 울퉁불퉁한 석탄이다. 압력과 열을 이겨내야만 아름다운 보석으로 거듭날 수 있다.

'위기'는 두 글자다. 하나는 위험을, 다른 하나는 기회를 의미한다. 위험을 인지하되 기회를 인식하라.

훌륭한 조언이다. 위기를 피하지 말자. 더 강해질 것이다.

✦ ✦ ✦

기회는 불운이나 일시적인 패배의 형태로
변장하고 찾아올 때가 많다.
— 나폴레온 힐

O

생에서 흘린 피가 진홍색 광채를 발하게 하는 건
용기와 용기, 그리고 용기다.
용감하게 살고 역경에 담대하게 맞서라.

기회가 문을 두드리지 않는다면 문을 만들어라.

패러다임 ✦ Paradigm

뇌의 소프트웨어를 바꿔라

인구의 90% 이상이 매년 같은 결과를 얻는다. 대부분 성과를 개선하더라도 화면에 스치는 찰나의 깜빡임에 불과하며 생활 방식에 큰 변화를 일으키기는 부족하다.

문제가 있냐고? 커다란 문제가 있다. 이것이 바로 패러다임이다.

패러다임은 비유하자면 뇌에 설치된 프로그램이다. 하지만 당신은 그 소프트웨어를 바꿀 수 있다.

우리에게는 저마다 똑같이 무한한 힘이 흘러들어온다. 처음부터 자신이 보유한 가장 귀한 능력을 개발하는 법을 배우면 모든 것이 어떻게, 왜 가능한지 이해할 수 있다.

이전에 가지고 있던 패러다임에서 아주 작은 부분만 바

꿔도 삶의 모든 영역에서 커다란 변화를 누리게 된다. 무척 설레는 일이다.

돈이 삶의 어떤 분야에 영향을 줄까? 그 분야의 패러다임을 바꿔서 올해가 가기 전에 수입을 대폭 늘린다고 상상해 보자. 사람을 만나는 게 힘든 사람이 패러다임을 바꿔서 좀 더 쉽고 즐겁게 타인과 교류할 수 있다면 삶에 커다란 변화가 일어난다. 이런 사례는 당신의 삶에서 오늘 당장 할 수 있는 수백 가지 일 중 두 가지에 불과하다.

패러다임을 바꾸기 전까지는 삶은 영원히 바뀌지 않는다.

당신의 패러다임 가운데 가능성을 가로막는 한두 가지 아이디어를 골라서 자유를 상징하는 아이디어로 대체해라. 이 새로운 생각을 의식적으로 머릿속에 집어넣고 삶의 기반에 이런 생각이 이미 자리 잡은 것처럼 행동하라.

스스로 깨닫기도 전에 삶은 극적으로 변화할 것이다.

✦ ✦ ✦

인류가 살아남으려면
완전히 새로운 사고방식이 필요하다.

끈기 ✦ Persistence

에디슨과 당신의 유일한 차이

나폴레온 힐의 고전 『생각하라 그리고 부자가 되어라』에서는 한 챕터 전체를 끈기에 할애했다.

힐은 이렇게 말했다. "끈기라는 단어에 거창한 어감이 있을지 몰라도, 끈기는 철에 존재하는 탄소처럼 성격의 특성일 뿐이다."

당신이 예전에 이룬 성취를 잠시 되짚어 보자. 성공하기까지 끈기가 중요한 역할을 했다는 사실을 알 수 있다.

힐은 세계적으로 성공한 수많은 사람을 연구했다. 힐에 따르면 헨리 포드나 토머스 에디슨Thomas Edison에게는 있지만 다른 사람에게는 없는 유일한 특성이 끈기라고 한다. 이들은 무자비하거나 냉혹하다는 오해를 자주 받는다.

이런 오해는 스스로 세운 모든 계획을 끈기 있게 실천하는 습관에서 나온다.

밀트 캠벨Milt Campbell은 내 친구로, 우린 오랜 시간을 함께 했다. 캠벨은 핀란드 헬싱키에서 열린 올림픽에서 10종 경기에 참가하여 금메달을 노렸다. 안타깝게도 4년 전에 런던에서 금메달을 땄던 밥 매티어스Bob Mathius는 금메달 하나로 만족하지 않았다. 그는 두 개를 원했다. 결국 캠벨은 은메달을 획득했다.

하지만 끈기가 습관이었던 캠벨은 4년 후 호주 멜버른에서 금메달을 땄다.

그는 여러 번 이런 말을 했다. "학교에는 나보다 훨씬 우수한 선수가 많았지만, 다들 중간에 그만뒀다."

나는 25년 이상 성공한 사람들을 연구했다. **에디슨과 포드, 캠벨을 비롯한 수많은 성공한 사람들과 당신의 유일한 차이는 끈기뿐이라고 확신한다.**

살면서 꼭 이루고자 하는 당신의 꿈은 무엇인가? 당장 해라. 지금 시작하고 절대 멈추지 마라. 당신의 내면에는 위대함이 존재한다. 그것을 표출해라. 집요해져야 한다.

P

✦ ✦ ✦

성공이란 열정을 잃지 않고
실패를 거듭할 수 있는 능력이다.

— 윈스턴 처칠Winston Churchill

가장 좋은 탈출구는 뚫고 나가는 것이다.

삶은 용기에 비례하여 쪼그러들거나 확장된다.

미약한 시작, 창대한 끝

학교에서 뛰어난 학생이 아니었다는 이유로 따분하고 무의미하게 살아가는 사람들이 수없이 많이 존재한다. 이들이 받은 낮은 점수의 성적표에는 이들이 곧 한심한 실패작이라는 것처럼 쓰여 있다.

안타깝게도 이들은 이런 형편없는 성적을 자아상에

반영했으며 오랜 시간이 지난 후에도 스스로 실패작이라고 생각한다.

이들은 좋은 직업을 가지려 하거나 역동적인 조직의 흥미진진한 자리에 올라가려 하지 않는다. 직접 회사를 만들고 진짜 가치가 있는 곳으로 일구려고 하지도 않는다. 자신이 실패작이라는 이미지를 내면에 품고 있기 때문이다.

내가 하는 말에 공감한다면 귀를 기울이길 바란다. 최근에 나는 학창시절에 별로 우등생이 아니었던 남자의 이야기를 읽었다. 아마 당신도 잘 아는 이름일 것이다. 당신이 모는 자동차 보닛에 용접돼 있을 테니까.

그는 학교 성적이 형편없었지만 그렇다고 절망하지 않았다. 그의 우주는 엔진과 모터, 자전거 같은 다른 세상에서 돌고 있었기 때문이다. 성적이 좋지 않을 뿐만 아니라 운동에도 서툴렀던 허약한 소년은 수치심 때문에 심하게 괴로워했다. 이렇게 커진 열등감은 성공을 향한 강렬한 열망으로 반전됐다. 그리고 그는 마침내 성공했다.

이 남자가 지켰던 다섯 가지 원칙을 소개한다.

1. 항상 야망을 품고 젊게 산다.
2. 타당한 이론을 존중하고 새로운 아이디어를 찾으며, 시간을 투자하여 생산성을 개선한다.
3. 자기 일을 즐기고 최대한 쾌적한 업무 환경을 조성한다.
4. 매끄럽고 조화로운 업무 리듬을 끊임없이 추구한다.
5. 늘 연구와 근면의 가치를 잊지 않는다.

내가 아는 성공한 사람들은 대부분 시작은 미약했다. 당신도 그렇다고 해서 그만두지 마라.

어쨌든 혼다 자동차가 지나갈 때마다 이 이야기를 떠올리자. 이야기 주인공의 이름이다.

✦ ✦ ✦

세상에서 끈기를 대체할 수 있는 건 아무것도 없다.

재능도 불가능하다.
재능 있고 성공 못 한 사람만큼 흔한 것도 드물다.

천재성도 아니다.

천재성이 보상받지 못한다는 건 속담이나 다름없다.

교육도 아니다.

세상에는 교육받은 부랑자가 넘쳐 난다.

전지전능한 건 끈기와 굳은 결의뿐이다.

실패는 중요하지 않다.

웃음거리가 될 용기가 필요하다.

P

개인의 능력 ✦ Personal Power

나라는 장치에서 저항을 제거하라

'인생은 확실히 이상해.' 흔히 들을 수 있는 말이다. 그리고 사실이다. 삶은 당신이 보거나 듣거나, 냄새 맡거나 맛보거나 만질 수 없다. 삶은 경험해야 한다. 사람에 따라 더 높은 수준으로, 혹은 더 낮은 수준으로 표현된다.

당신과 내가 삶이라고 이름 붙인 존재는 우리를 통과해서 흐르는 보이지 않는 힘이다. 우리 인생은 무척 얄팍하고 단조롭게 표현되거나 생생하고 열렬하게 묘사된다.

우리가 삶이라고 일컫는 보이지 않는 힘은 전기와 비슷한 방식으로 작용한다. 전기가 무엇인지 아는 사람은 없다. 어떤 기능을 하는지 약간 이해할 뿐이다.

전기에는 '옴의 법칙Ohm's Law'이라는 법칙이 있다. 핵심은 전기 회로를 흐르는 전류의 양은 항상 회로의 저항에 반비례한다는 것이다. 저항이 작을수록 많은 전류가 흐른다. 저항이 크면 전류가 줄어든다. 당신은 전류를 늘리거나 줄일 뿐만 아니라 파괴적이거나 건설적인 수단으로 활용할 수 있다. '삶'이라는 힘도 마찬가지다.

당신은 삶의 힘이 흐르는 장치다. 저항은 이 장치에서 흐름을 제한할 것이다. 이 저항은 다양한 이름으로 불린다. '의심', '부정', '두려움', 그리고 '걱정'은 당신을 통과하는 삶의 흐름을 극단적으로 제한한다. 저항을 제거하면 이 힘은 당신에게서 완전히 새로운 사람을 만들어낼 수 있다. 삶의 힘은 당신의 신념과 정신적 태도, 그리고 기대에 반응한다.

주위를 둘러보자. 누군가의 삶은 거의 흐르지 않고 또 다른 누군가의 삶은 환하게 빛을 낸다.

저항을 없애고 제대로 살아라.

✦ ✦ ✦

운명은 우연이 아니라 선택의 문제이고,
기다리는 것이 아니라 성취할 대상이다.

P

관점 ✦ Perspective

신의 시선에서 보는 세상

나는 아름다운 켄터키주의 11킬로미터 상공에서 이 글을 썼다. 내슈빌에서 토론토로 이동할 때면 자주 이렇게 아래를 내려다보면서, 높은 곳에서는 모든 게 얼마나 달라 보이는지 조용히 생각하곤 한다.

그러자 몇 년 전에 들었던 훌륭한 이야기가 떠올랐다. 내가 지금 하는 생각과 절묘하게 조화를 이루는 일화다.

그 이야기에는 돈 블랜딩Don Blanding이 쓴 「신감도The Gods-Eye View」라는 시가 나온다. 블랜딩도 비행기에서 이 시를 썼다고 한다.

이야기는 양탄자 속으로 들어간 벌레에 관한 고대 페르시아의 속담을 언급하면서 신이 보는 시선과 벌레가 보는 시선을 연결해서 설명한다.

벌레가 페르시아 양탄자 위로 올라온다면 거대한 문제라고 생각했던 것이 사실은 아름답고 섬세한 직물이라는 사실을 알게 될 것이다. 그보다 더 높이 올라가면 정교하게 짜인 다발은 아름다운 무늬를 구성하는 일부라는 사실도 드러난다.

비행기 안에서 아래를 내려다보던 중에 문득 이 이야기가 떠올랐다. 나는 우리가 양탄자의 벌레처럼 산다는 생각을 여러 번 했다. 부스러기를 찾아 한 문제에서 다음 문제로 온 힘을 다해 자신을 떠밀며 살아가고, 하루를 보내면서 삶과 그 고난에 대해 불평한다.

가련한 벌레에게는 어려운 일이겠지만, **여유를 가지고 문제 위로 올라가서 객관적으로 바라보면 삶을 완전히 다른 관점에서 볼 수 있다.**

오늘 왠지 삶이 감당하기 벅차고 초조한가? 문제의 원인은 벌레의 관점에 있는지도 모른다.

긴장을 풀고 마음을 신의 관점으로 전환하라. 삶이 알고 보면 얼마나 아름다운지 확인하자.

P

✦ ✦ ✦

나는 모든 이가 우주의 작동 방식과
우리의 위치에 관해 큰 그림을 가져야 한다고 믿는다.
이는 인간의 기본적 욕망이다.
또한 걱정거리를 균형 있는 시각으로 보게 해준다.

— 스티븐 호킹Stephen Hawking

인간은 저마다 세상의 한계를
제한적인 가시 범위로 바라본다.
인식의 문을 깨끗이 닦는다면
모든 것은 본질 그대로 무한해 보일 것이다.

— 윌리엄 블레이크William Blake

궁정적 사고 ✦ Positive Thinking

프록터의 법칙: 잘될 가능성이 있는 일은 잘된다

나는 머피의 법칙을 들을 때마다 이 얼마나 부정적인 말인지 생각한다. "잘못될 가능성이 있는 일은 잘못된다." 상당히 부정적으로 삶을 바라보는 관점이지만 불행히도 이 법칙은 많은 이의 삶에 영향을 준다.

머피의 법칙이 작용하지 못하게 피할 방법이 있으면 얼마나 좋을까? 그런 방법은 실제로 존재하며 나는 그 방법을 찾았다.

동전의 뒷면처럼 머피의 법칙을 거꾸로 활용해 보자. 모든 것에는 이렇게 반대가 존재한다.

"잘될 가능성이 있는 일은 잘된다."

이를 프록터의 법칙이라고 하자. 이제 이 아름다운 법칙을 우리 삶에 작용하게 할 방법이 중요하다. 그리고 나는 그것도 알아냈다.

독일의 위대한 문호 요한 볼프강 폰 괴테의 작품을 살펴보면 답을 쉽게 찾을 수 있다. 인용문을 살펴보자.

"어떤 일을 시작하거나 개척하려 할 때 가장 기본이 되는 진리가 하나 있다. 이를 모르면 수많은 아이디어와 기막히게 좋은 계획들도 소용없다. 그것은 확실하게 자신을 내주고 헌신할 때, 하늘도 움직인다는 것이다. 헌신하겠다는 굳은 각오로부터 모든 사건의 흐름이 시작된다. 예상하지 못한 일, 만남, 물질적인 원조, 기타 모든 것들이 나에게 다가온다. 누구도 꿈꾸지 못한 일들이 나의 앞길에 찾아온다."

사실 이 긍정적인 말은 괴테의 법칙이라고 불러야 할 것이다. 또한 괴테는 이런 말로 주의를 준다. "완전히 헌신하기 전에는 망설임과 물러날 기회, 그리고 고질적인 비효율이 존재한다."

당신이 학생이라면 우등생이 되는 데 헌신해라. 판매원이라면 월간 실적 신기록에 도전하라. 무슨 일을 하든 전력을 다해야 한다. 맨 위로 올라갈 목표를 세우자. 헌신하고 행운을 잡아라.

그리고 기억하라. 잘될 가능성이 있는 일은 잘된다.

✦ ✦ ✦

혼돈은 모든 복합체에 존재한다.
성실하게 매진하라.
어떠한 운이나 운명도
굳센 영혼의 단호한 결의를
피하거나 방해하거나 통제하지 못한다.

반대의 법칙: 모든 일에는 긍정적인 면이 있다

모든 것에는 두 가지 측면이 존재한다는 사실에 관심을 가져본 적 있는가?

손을 보자. 손바닥과 손등이 있다. 당신의 몸에는 오른쪽과 왼쪽이 있다. 자동차나 당신의 방에도 안과 밖이 존재한다. 한쪽 없이 다른 쪽만 있을 수는 없다.

이곳은 질서정연한 우주이며 당신은 그 일부다. 모든 우주는 법칙에 따라 운영된다.

베르너 폰 브라운Wernher von Braun 박사에 따르면 우주의 자연법칙은 워낙 정확해서 오늘날 우리는 아무런 어려움 없이 우주선을 제작하고 사람을 달에 보내며 착륙 시간을 미세하게 맞출 수 있다고 한다.

내가 말하는 법칙은 양극성의 법칙, 혹은 반대의 법칙이다. 건물 꼭대기까지 올라가는 시간이 길었으면 내려오는 시간도 길다. A 지점에서 B 지점까지 거리가 1킬로미터라면 B 지점에서 A 지점까지의 거리도 1킬로미터다.

이런 요소는 단순한 반대가 아니라 똑같은 반대다.

오늘 당신의 삶에 일어나는 모든 일은 부정적이거나 긍정적으로 보일 것이다. **어떤 일이 일어나든 거기에는 긍정적인 면이 있다는 사실을 기억해라.**

인구의 상당수는 정신적으로 삶의 부정적인 측면에 집중하게 설정된 것처럼 보이고, 안타깝게도 긍정적인 면을 무시한다.

오늘 무슨 일이 일어나든 거기서 긍정적인 면을 찾겠다

고 지금 결심하자. 구름의 뒤편은 늘 은빛으로 빛난다는 걸 기억해야 한다. 모든 일에서 긍정적인 면을 보는 게 습관이 될 때까지 내일도, 모레도 계속하라. 그러면 기분이 좋아진다. 생산성이 향상된다. 친구도 늘어날 것이다.

✦ ✦ ✦

세상에는 좋기만 한 것도, 나쁘기만 한 것도 없지만
생각이 그렇게 만든다.

— 윌리엄 셰익스피어

P

잠재력 ✦ Potential

당신을 낭비하지 마라

윌리엄 제임스는 100여 년 전에 살았던 인물이다. 그는 인간 행동을 연구하는 훌륭한 학생이자 스승이었다. 제임스가 가르친 내용은 지금도 대부분 유효하다. 그는 우리가 신체적, 정신적 자원을 제대로 활용하지 못하고 극히 일부만 쓴다고 했다.

이 개념을 확대해서 말해보자. 인간은 자기 한계에 전혀 못 미치는 삶을 살고 있다. 인간에게는 습관적으로 활용에 실패하는 다양한 힘이 존재한다.

그로부터 몇 년 후 인간의 엄청난 잠재력을 보여준 토머스 에디슨은 말했다. "우리가 모두 실제로 가지고 있는 능력만큼 일을 해냈다면 스스로 깜짝 놀랄 것이다."

윌리엄 제임스와 토머스 에디슨이 살았던 시절은 오늘날에 비해 정보가 드물었다. 인간의 진정한 잠재력을 무시하고 살아갈 핑계가 존재했다는 뜻이다.

지금은 아니다. 오늘날에는 자기계발 서적이 베스트셀러 상위권을 차지한다. 인간의 잠재력에 대한 오디오 프로그램과 세미나를 모든 마을과 도시에서 접할 수 있다. 당신의 자동차는 마음만 먹으면 금방 학습의 장으로 바뀐다. 간단한 결정을 내리고 적당히 투자하면 과거의 위대한 인물을 접할 수 있다.

이처럼 막연한 꿈을 현실로 바꿀 방법을 배우는 게 가능해졌다. 확실한 재앙을 맞닥뜨리더라도 인내하고 목표를 향해 나아갈 정신력도 키울 수 있다.

경제적 사정을 실패의 핑계로 삼지 마라.

이런 유용한 정보를 활용하여 당신의 내면이 얼마나 위대한지 깨달아야 한다. 당신에게는 무한한 자원과 발휘될 날을 기다리는 잠재력, 그리고 능력이 있다. 오늘 시작하라. 지금보다 더 좋은 시기는 없다.

당신이 될 수 있는 모든 것이 되어라.

P

✦ ✦ ✦

항상 꿈꿔라.

자신의 한계라고 생각하는 것보다

더 높은 곳을 향해 쏴라.

과거 인물이나 동시대인을 넘어서려고 하지 마라.

넘어서야 할 것은 자기 자신이다.

— 윌리엄 포크너William Faulkner

나는 가능성 속에서 살아간다.

— 에밀리 디킨슨Emily Dickinson

나는 전례는 신경도 쓰지 않으며

좀 더 나은 것이 존재할 가능성을 믿는다.

어떤 일을 늘 그런 식으로 했다는 말을 들으면 거슬린다.

나는 전례의 압제에 반항한다.

무엇이든 과거를 개선해 줄 새로운 것을 추구한다.

— 클라라 바턴Clara Barton

미래 세대가 보았을 때 가장 원시적인 일

새롭게 시작하기에는 너무 늦었고 당신이나 세상이 그리 오래 존재하지는 않을 거라고 생각하는가?

당신이 지금 여기 존재한다면 결코 늦지 않았다. 오히려 당신의 생각보다 이르다.

우리는 이제 시작일 뿐이다.

지구라는 행성에서 지금까지 우리가 존재했던 기간은 시계에서 초침이 째깍거리는 정도에 불과하다. 우리는 이제 겨우 우주와 우주에서의 우리 위치에 대해 아주 조금 깨달았을 뿐이다.

자동차 전기 스위치를 발명한 찰스 케터링Charles Kettering은 이렇게 말했다. "인간이 활동하는 모든 분야에서 진보는 이제 겨우 시작됐다."

어떤 시대에 살던 사람들도 자신들이 원시적이라고 생각하지는 않았을 것이다.

석기 시대든 '행복한 90년대Gay Nineties(미국의 1890년대를 뜻하며, 번영하고 안락했던 시기에 대한 향수를 담은 상징)'든, 당시에는 그게 현대고 최신이었다. 우리가 여러 가지 측면에서 상당히 원시적일 수 있다는 사실이 얼른 이해되지 않는 것도 그래서다.

우리가 '광란의 20년대Roaring Twenties(미국의 1920년대를 뜻하며, 경제가 호황을 맞이하고 예술과 문화가 발전했던 황금기)'나 로마 시대를 돌아볼 때처럼, 미래의 인류도 과거를 돌아보면서 우리가 어떤 사람이었고 무엇을 갖고 있었는지 살펴볼 것이다. 지금의 교통수단은 증기 기관차처럼 구식이 될 수밖에 없다.

하지만 이 시대의 인간들이 서로를 대한 방식, 내면에 잠재된 가능성을 완전히 무시해 버렸다는 사실이 미래 세대에게는 가장 큰 충격으로 다가올 것이다.

당신에게는 위대해질 잠재력이 존재한다.

당신은 마음속으로 상상하는 건 무엇이든 될 수 있고, 이를 현실로 만들 능력도 있다. 당신의 미래를 결정하는 건 나이나 성별, 인종, 과거의 경험이 아니다. 직접 내린 결정이 미래를 정한다.

위대한 일을 시작하기에 늦은 시기는 없다.

✦ ✦ ✦

두려움이 아니라 희망과 꿈을 구해라.
절망이 아니라 채워지지 않은 잠재력을 생각해라.
시도했다가 실패한 것이 아니라
지금도 할 수 있는 것을 고민해라.

— 교황 요한 23세

자신을 믿어라.
평생 기꺼이 함께하고 싶은 자아를 창조해라.
잠재력을 최대한 발휘하여 내면에 존재하는
작은 가능성의 불꽃을 성취의 불길로 키워라.

당신이 철학 속에서 꿈꾸는 것보다
하늘과 땅에 더 많은 것이 존재한다.

— 윌리엄 셰익스피어

P

준비 ✦ Preparation

준비가 전부다

J. B. 매슈스J. B. Matthews는 이렇게 적었다. "기회에 대비하여 훈련하지 않으면 기회가 와도 우스워질 뿐이다. 훌륭한 기회는 잡으려고 정확히 준비한 사람에게만 가치 있다."

성공한 사람이라면 분야를 막론하고 성공의 핵심은 준비라고 망설임 없이 말할 것이다. 자기 일에 능숙해지겠다고 마음을 먹어야 실제로 기회가 찾아오도록 유도할 수 있다.

당신이 속한 산업은 앞으로 10년간 성장 측면에서 어떤 위치에 속하는지 진지하게 고민해 보자. 성장의 한계가 보이지 않는다면 그 산업에서 당신이 성장할 기회 역시 무한하다는 합리적인 추론이 가능하다.

당신이 속한 산업에는 스스로 미래를 계획하는 사람들이 존재한다. 이들의 내면에는 행동으로 자신을 표현하는 뭔가가 자란다. 이것을 자신감이라고 부른다. 이들은 단순히 산업에 영향을 받기보다 그 산업에 속한 사람들의 삶에 영향을 미친다. 어떻게 하면 업무에 더 많은 자원을 투자하고 창의력을 발휘하며, 훌륭한 서비스를 제공할 수 있을지 매일 30분씩 고민한다.

그들은 그저 시간만 들이는 게 아니라 자신이 가진 모든 것을 쏟아붓는다.

당신은 5년, 혹은 그보다 짧은 기간 안에 해당 산업에서 인정받는 전문가가 될 수 있다. 조사 결과에 따르면 사람들은 대부분 앞으로 활약할 범위 내에서 자기 일을 바라본다. 활발하고 역동적인 산업은 함께 성장할 특별한 인재를 필요로 한다. 또한 이런 사람을 찾으려 노력하며, 비전과 실천력이 있는 사람에게는 풍성한 보상을 제공한다는 사실을 깨달아야 한다.

앞으로 90일 동안 당신의 모든 것을 투자해라. 일은 그 보답으로 당신이 원하는 모든 것을 평생 가져다줄 것이다.

P

✦ ✦ ✦

반복하는 일이 곧 자기 자신이다.

그렇다면 탁월함은 특정 행동이 아니라 습관이다.

시도하고 또 시도하고, 계속 시도하는 것은

분야를 막론하고 전문가가 되려면

꼭 지켜야 할 원칙이다.

품질은 우연히 얻는 게 아니다.

항상 지적 노력의 결과로 나타난다.

문제 해결 ✦ Problem Solving

막다른 길로 돌진하는 사람들

사람들은 이런 말을 자주 한다. "여기만 아니면 어디든 다 좋아." 다른 곳에 가면 평화로운 분위기와 희망의 기운, 새로운 시작의 조짐이 느껴진다.

낯선 장소와 색다른 주소에 매료되면 모든 게 지금과 다를 거라는 믿음이 생긴다.

P

자신이 누구인지, 어디에 있는지 고민하다 보면 가끔 탈출하는 게 가장 좋은 방책이라는 생각이 든다. 누군가는 두려워서 도망친다. 또 다른 사람은 도망치기 때문에 두려워한다.

도망에 대한 유혹은 수없이 찾아온다. 다른 곳에 가면 하는 일은 더 쉽고, 돈은 더 많이 받고, 근무 시간은 짧을 것 같다. 날씨가 더 화창하고, 좋은 사람이 많고, 물가가 낮지 않을까. '그곳'에서 생기는 문제는 지금 여기서 겪는 문제와 비교도 안 된다.

출세와 행복, 자유에 이르기까지 바뀐 환경에서는 무한한 기회가 펼쳐질 것이다. 거기에만 가면 상황이 바뀌고, 이곳에서 느끼는 부담은 사라지리라.

그렇게 생각하더라도 이 점은 명심해야 한다. 우편 번호와 지역 번호는 바뀔지 몰라도 한 가지 상수는 변하지 않는다. 당신의 머리는 그대로 가져간다.

떠나는 게 긍정적으로 작용하는 경우는 문제 해결에 가까워질 때뿐이다.

도망이 유일한 선택이라면 도망가되, 해결책이 있는 방향으로 가야 한다. 커다란 문도 작은 경첩에 매달려 흔들리는 법이다. **당신의 문제를 해결해 줄 열쇠는 당신만 닿는 곳에 숨겨져 있다**.

진정한 자신이 누구인지 깨닫고 운명으로 정해진 그 사람으로 거듭나라. 위험할지도 모르지만 그저 도망치다가 막다른 길로 돌진하는 것보다 낫다.

✦ ✦ ✦

문제를 일으킬 때 했던 것과 같은 생각으로는
문제를 해결할 수 없다.

인간은 생각할 의지만 있으면
세상 모든 문제를 쉽게 해결한다.
하지만 생각하지 않으려고
온갖 수단을 동원할 때가 많다.
생각은 정말 힘들기 때문이다.

우리는 풀 수 없는 문제로 절묘하게 가장한
위대한 기회를 끊임없이 마주친다.

P

프로 의식 ✦ Professionalism

무엇이 프로를 만드는가

누구나 프로의 공연을 관람할 때면 비할 데 없는 만족을 느낀다. 프로가 하는 일도 마찬가지다. 그들은 기술과 정확성으로 당신의 마음을 사로잡는다.

몇 년 전에 소방서에 고용된 적이 있다. 그때 소방서장이었던 해리 테일러Harry Taylor는 소방 전문 대학을 졸업하지 않았어도 내 기준에는 언제나 진정한 프로였다. 소방 대학을 우수한 성적으로 졸업했어도 사람들을 이끄는 법을 모르는 소방관들이 있다. 하지만 테일러는 리더였고 자기 사람들에게서 최선을 끌어낼 줄 알았다. 그는 프로였다.

프로 피겨 선수들이 점프하고 나서 편안하게 착지하는 모습을 보면 태어날 때부터 발에 스케이트가 달려 있다고 해도 믿을 듯하다. 프로 비서는 또 어떤가. 이들은 금메달을 딴 스케이트 선수처럼 차분하고 자신 있게 움직인다. 프로 판매원은 움직이는 예술 작품이다. 침착하고 자신 있게 설명한 다음 의구심을 압도하고 주문을 받아 떠난다.

프로를 지켜보는 건 즐거운 일이다. 그들은 어떻게 그렇게 훌륭해진 걸까? 아니, 위대해진 걸까?

프로들은 매일 사소한 일을 위대한 방식으로 한다. 상황이 어떻든 최고가 되기 위해 일한다. 그들은 공부하고, 연습하고, 모든 움직임을 하루도 빠짐없이 여러 번 시뮬레이션한다. 어제보다 오늘 더 나은 사람이 되고 싶어 한다.

✦ ✦ ✦

P

제일 중요한 건 자기 개선이다.
당신의 목표는 상대를 무너뜨리는 게 아니라
스스로 강해지는 것이다.

인간의 위대함은 세상을 바꾸는 능력보다는
자신을 재창조하는 능력에서 나온다.

진보 ✦ Progress

비합리적인 사람이 세상을 바꾼다

"합리적인 사람은 세상에 적응한다. 비합리적인 사람은 세상을 자신에게 적응시키려고 고집한다. 그러니 모든 진보는 비합리적인 사람에게 달렸다."

조지 버나드 쇼의 글에서 인용한 문장이다. 위 문장을 달리 표현하면 합리적인 사람은 '현재 방식에 만족하는 사람'이라고 할 수 있다. 반대로 **현재 상태에 만족하지 않고 상황을 바꾸려고 노력하는 사람은 비합리적으로 보일 때가 많다.**

이런 생각을 하면 어렸을 때가 떠오른다. 우리 할머니는 항상 내게 가진 것에 만족하라고 말씀하셨다. 내 마음속의 할머니는 수호천사 같은 분이지만 몇 가지 그릇된 사상을 내게 주입하려 하셨는데, 이것도 그중 하나였다.

불만을 느끼는 건 절대 잘못된 게 아니다. 사실 만족하지 못하는 마음에서 훌륭한 성과가 수없이 많이 나온다.

불만족이야말로 에디슨이 세상을 밝히고 포드가 자동차를 발명하며, 라이트 형제가 새로운 세상을 보여주고 벨이 지구 반대편에 있는 사람과 대화의 물꼬를 튼 계기였다. 그들이 비합리적이었기 때문에 이 모든 발전이 가능했다.

여기서 포인트는 그들이 만족하지 않았다는 데 있다.

그저 현재 상황을 반대하기 위한 반대는 대부분 비합리적이다. 하지만 상황을 개선하려고 부지런히 시도하고 있다면 다른 사람이 비합리적이라고 평가하더라도 아랑곳하지 마라. 남들의 머릿속에서 비합리적이든 아니든 당신은 나아가라. 결국 그들이 당신을 따르게 될 가능성이 매우 크다.

P

✦ ✦ ✦

불만족은 진보의 첫 번째 요건이다.

라틴어로 '현재 상황Status Quo'은
'지금 우리가 빠진 난장판'이라는 뜻이다.

연설 ✦ Public Speaking

훌륭한 연설을 하는 법

방청석에 앉아 누군가의 연설을 들은 적 있는가? 물론 있을 것이다. 타이핑한 대본이 없는 연설은 늘 사람들의 관심을 끈다. 대본을 보면서 읽는 연설보다 훨씬 빠르고 수월하게 관심을 사로잡는다.

그렇다고 해서 연설을 준비하지 말라거나, 연설하기 전에 대본을 준비하지 말라는 뜻은 아니다. 훌륭한 연설에는 많은 준비가 필요하다. 내가 몇 년 동안 활용해 온 연설 방법을 소개한다. 단순하지만 아주 효과적이다.

먼저 당신이 하는 말을 파악하라. 그 주제에 아주 익숙해야 한다.

연설 내용을 모두 적은 다음 다듬고 유머를 약간 섞어 보

자. **적은 연설 내용을 꼼꼼히 읽으면서 단어로 채색한 그림을 떠올려라.** 사실 글로 그린 그림이 바로 책이다.

그다음 연설 내용을 몇 가지 부분으로 나눈다. 각 부분은 특정한 그림이다. 마음속으로 다양한 그림을 시각화하자. 생각은 그림으로 하면 된다.

이제 그림에 번호를 붙여라. 첫 그림을 현관 앞에 놓는다고 상상하자. 두 번째 그림은 현관 안쪽에, 세 번째 그림은 거실에, 네 번째는 식탁에 놓는 식으로 상상을 이어간다.

터무니없게 들리는가? 그래서 효과가 있다. 기억은 터무니없는 연상 작용을 통해 발달한다.

이제 준비가 끝났다. 생생한 이야기를 전달하러 앞으로 나설 때는 긴장을 풀어라. 청중이 당신을 어떻게 생각할지 걱정하지 말자. 그들이 어떻게 생각하든 당신과는 상관없다. 그냥 그들을 생각해라.

머릿속으로 당신의 집에 걸어가서 현관문을 열고, 집안을 거닐면서 청중을 위해 집에 늘어놓았던 그림을 묘사하면 된다.

시도해 보자. 정말 효과 있다.

P

✦ ✦ ✦

본인이 제대로 이해했으면

언제든 능숙하게 이야기할 수 있다.

행운은 준비된 자를 선호한다.

관계 ✦ Relationship

아무리 베풀어도 줄어들지 않는 선물

태곳적부터 현명한 사람들은 받는 것보다 주는 것이 훨씬 유익하다고 말했다.

이 조언에 의문을 제기할 만한 상황도 많겠지만, 그럴 때도 당신의 상위 자아Higher Self(마음의 변화에 영향을 받지 않는 본질적인 자아)는 이 개념에 동의할 것이다.

나는 매일 다른 사람들에게 줄 수 있는 것을 하나 발견했다. 이것을 베풀면 커다란 보상을 받을 수 있다.

비용은 들지 않지만 많은 것을 만들어낸다.

받는 사람은 부유해지고 주는 사람은 가난해지지 않는다.

순식간에 일어나지만 그 기억은 영원히 남는다.

이것이 없이도 될 만큼 부유한 사람은 없고 이것을 누리

R

지 못할 만큼 가난한 사람도 없다.

가정에서는 행복을, 사업에서는 호의를 불러일으키고 친구 사이에서는 우정의 증표가 된다.

이것을 선물하면 지친 이에게는 휴식을, 좌절한 이에게는 빛을, 슬픈 이에게는 햇살을 가져다준다. 이것은 자연에 존재하는 최고의 해독제다.

하지만 이것은 살 수 없다. 구걸하거나 빌리거나 훔칠 수도 없다. 주기 전까지는 아무런 쓸모가 없기 때문이다. 판매직원이 너무 피곤해서 당신에게 이것을 주지 못하면, 대신에 당신이 건넬 수 있다.

남에게 줄 것이 없는 사람일수록 누구보다 이것이 필요하다.

수수께끼 같지 않은가? 아주 조금만 줘도 이렇게 많이 받는 것이 대체 무엇일까?

정답은 미소다. 그렇다, 미소다.

오늘 만나는 모든 사람에게 활짝 웃어주겠다고 다짐해라. 환한 함박웃음이어야 한다. 그리고 당신이 웃어준 모든 이가 어떻게 반응하는지 주의 깊게 살펴보자.

✦ ✦ ✦

따뜻한 미소는 친절의 보편적인 언어다.

열매를 보면 나무를 안다. 행동을 보면 인간을 안다.

선행은 결코 사라지지 않는다.

예의를 뿌리면 우정을 수확하고

친절을 심으면 사랑을 거두는 법이다.

상상력과 친절한 행동이 성공의 열쇠다.

아무리 작은 친절일지라도 헛되지 않다.

R

이름을 부르며 이야기하라

다른 사람의 관심을 끌고 유지하기 위해 앞으로 24시간 동안 시도할 만한 간단한 테스트를 소개한다. 결과에 만족한다면 습관이 될 때까지 계속하면 된다.

바로 이것이다. 할 말이 무엇이든 상대의 이름을 부르면서 대화를 시작하라.

플라톤과 소크라테스 시절부터 알려진 바에 따르면 누구나 자기 이름을 세상에서 가장 아름다운 소리라고 생각하며 본인의 이름이 나오는 문장에 더 집중한다고 한다.

상대의 이름을 언급하면서 칭찬하면, 정말로 상대방에게 딱 맞는 칭찬을 해준 것처럼 보인다.

예를 들면 이런 식이다. "수, 헤어스타일이 굉장히 매력적이네요. 얼굴이 확 사는 것 같아요.", "존, 신발이 멋진데요. 지금 입은 정장과 잘 어울려요."

상대의 이름을 활용했을 때 또 다른 흥미로운 점은 대화에 대한 관심도가 높아진다는 데 있다. 사람은 대부분 자기 이름이 나온 뒤 다음 문장이 자신과 어떻게 연관되는지 주의 깊게 귀를 기울이게 되기 때문이다. 중요한 이야기를 할 때마다 듣는 사람의 이름으로 서문을 열어라. 그러면 청자는 당신의 의견에 더 몰입하고 오래 집중할 것이다.

이름을 활용하되 무작정 들먹이는 건 금물이다. 이 두 가지는 완전히 다르다. **이름을 적절히 활용하면 사람들은 당신과**

당신이 한 말을 오랫동안 기억할 것이다.

처음 만나는 사람의 이름을 주의 깊게 들어라. 발음하기 어려운 이름일 때는 예의 바르게 철자를 물어보자. 그러면 기억하는 데 도움이 된다.

이름을 알았으면 효과적으로 활용해라.

✦ ✦ ✦

사람들은 당신이 한 말과 행동은 잊겠지만
당신이 자기 기분을 어떻게 만들었는지는
절대 잊지 않는다.

R

위험 ✦ Risk

안전과 후회

어렸을 때 '나중에 후회하는 것보다 안전한 게 낫다'라는 말을 얼마나 들었는가? 아마 지나칠 정도로 자주 들었을 것이다. 특히 안전을 선택한 사람들이 대부분 후회한다는 사실을 깨달았을 때는 더하다.

막판에 승리하는 건 대부분 위험을 감수하는 사람들이다.

당신이 아는 사람 중에 집을 담보로 대출받아야 하거나 몇 년간 몸담았던 직장을 그만둬야 할지도 모른다는 이유로 일생일대의 기회를 지나쳐 버린 이가 몇 명이나 되는가? 그들은 대담하게 박차고 나오기보다 안전하게 되돌아가는 편을 선택한다.

심리학자 에이브러햄 매슬로Abraham Maslow는 이렇게 말했다. "성장하기 위해 앞으로 나아가거나 안전을 위해 물러서거나 둘 중 하나다." 그는 **사람이 자기 능력에 못 미치는 존재가 되겠다고 마음먹으면 평생 불행할 것**이라고 충고한다.

무책임하게 행동하라는 뜻이 아니다. 두 가지가 아주 미세한 차이로 구분된다는 건 인정하지만, 위험을 감수하는 것과 무책임은 전혀 다르다.

위험 감수의 반대는 당연히 안전 추구다. 후자는 70년이나 80년 정도는 합리적인 생활 방식이라고 할 수도 있다. 단, 1000년 동안 산다는 보장이 있을 때 얘기다. 안전을 추구하는 삶은 무척 따분하다. 나중에 인생을 돌아보면서 이걸 해봤다면, 저걸 시도했다면 어땠을지 생각하게 될 것이다.

몸을 사리는 사람들은 보통 흥미진진한 구석이 없다. 사실 무척 지루한 쪽에 가깝다.

위험을 감수하는 정도를 1부터 10까지 놓고 본다면 당신은 어디에 속하는가?

오늘 인생에 조그만 변화를 주고 위험을 감수해 보라. 안전만을 추구하면 결국 후회한다는 사실을 명심해야 한다.

R

✦ ✦ ✦

크게 실패할 용기가 있는 자만이 크게 성공할 수 있다.

— 로버트 케네디Robert Kennedy

힘은 용감하게 자신을 낮추고

움켜쥐는 사람만이 얻을 수 있다.

중요한 건 단 하나, 용기를 내는 것뿐이다.

나는 폭풍이 두렵지 않다.

항해하는 법을 배우고 있으니까.

— 루이자 메이 올컷Louisa May Alcott

판매 ✦ Sales

우리는 항상 무언가 팔아야 한다

영업에 발을 들이는 순간, 세상에서 가장 복잡하고 매력적인 직업 세계가 펼쳐진다. 판매는 모든 직업 중에서 소득이 가장 낮거나 높다. 여기 발을 들이면 우울하게 버티거나 보람 있고 창조적인 모험을 떠나거나 둘 중 하나다.

판매직에서는 과거나 나이, 성별, 인종, 종교, 교육과 관계없이 모든 지원자를 받아들인다. 아무도 거부하지 않는다. 직업으로서 이 분야에는 아무 편견이 없다. 게다가 보상 측면에서 판매라는 직업은 알라딘의 램프와 같다. 말만 하면 세상이 당신의 소유가 된다.

하지만 판매에서 수많은 보상을 만끽하려면 한 가지 전

S

제 조건이 필요하다. **팔아야 한다는 것이다.**

이런 직업은 세상에 둘도 없다. 모든 종사자가 하루에도 여러 번 시험에 통과해야 하고 졸업하는 사람은 영원히 나오지 않는다. 당신은 매일 일정한 시간 동안 지적으로, 영적으로, 그리고 신체적으로도 자기를 계발해야 한다. 이런 일상을 지키지 않는 판매원은 금방 발전이라는 바퀴의 브레이크로 작용한다.

당신은 이러한 적극적인 자기계발을 통해 매일 맞닥뜨리는 시험을 차분하고 능숙하게 통과할 수 있다. 또한 업계에서 제공하는 엄청난 정신적, 물질적 보상에 적합한 자격을 갖추게 된다.

프로 판매원은 헌신한다. 헌신하지 않으면 금방 아마추어 수준으로 몰락하고, 아마추어 판매원으로서 당신의 일상에는 실망만 가득할 것이다.

끊임없이 헌신하고 이를 반복하면 번영과 성취의 열쇠를 손에 쥘 수 있다.

✦ ✦ ✦

모두가 무엇인가 팔아서 먹고산다.

삶의 질은 어떤 분야를 선택하느냐와 상관없이
자기가 선택한 분야에서 탁월해지려고
헌신하는 정도에 비례하여 결정된다.

— 빈스 롬바르디Vince Lombardi

조각배 판매원과 증기선 판매원

동양의 현자가 말했다. "회사에는 세 가지 유형의 판매원이 있다. 조각배 판매원, 돛단배 판매원, 그리고 증기선 판매원이다."

조각배 판매원은 떠밀어 줘야 한다. 이들은 일을 늦게 시작하고 빨리 그만두는 경향이 있다. 힘이 제일 많이 드는 방식으로 움직이다 보니 일하다가 자주 쉬는 편인 데다 멀리 가는 법이 없다. 열심히 일하고 엄청난 에너지를 투자하는

S

것처럼 보여서 나름대로 잘하고 있다고 믿는다. 이들은 보잘것없는 보수를 항상 황당하게 생각한다.

돛단배 판매원은 순풍이 불 때만 자기가 원하는 목표가 있는 방향으로 움직인다. 성공은 환경이나 외부 자원에 맡긴다. 지상풍이 원하는 방향으로 불면 이들은 기뻐하며 스스로 행운을 누릴 자격이 있다고 믿는다. 이렇게 잘못된 생각이 굳어진 이들은 대부분 바위투성이 해변에 도착하며 실패의 원인을 자연에 돌린다. 돛단배 판매원 역시 얼마 안 되는 보수를 이해하지 못한다.

증기선 판매원은 찾는 사람이 많고 풍부한 보상을 받는다. 이들은 날씨가 좋든 궂든 계속해서 선택한 목적지를 향해 간다. 또한 자신과 주변 환경, 자신의 운명을 제대로 이해하고 있다.

앞으로 나아가는 속도가 느려지거나 멈췄을 때는 문제가 엔진 내부에 있다는 걸 파악하여 필요한 부분을 곧바로 수리하기 시작한다. 증기선 판매원은 **전진을 가로막는 것이 바람도 체력도 아니며 자기 내면에 있다는 사실을 잘 안다.** 이들은 문제를 해결하고 명성과 부를 향해 나아간다.

무언가 팔고 있는가? 지금 엔진을 가동하고 승리하라.

✦ ✦ ✦

판매는 제품에 대한 평가가 아니라

판매원의 태도에 달려 있다.

다른 무엇보다 성공을 향한 자신의 의지가

가장 중요하다는 걸 항상 명심하라.

— 에이브러햄 링컨

S

자아상 ✦ Self-Image

나의 가장 좋은 친구이자 지지자

자기계발 세미나와 도서, 오디오가 넘치는 요즘 세상에는 '자기 대화'가 자주 언급된다. 우리는 항상 자신에게 말을 걸지만, 최근까지만 해도 사람들이 공개적으로 인정하는 경우가 드물었다. 혼잣말은 정신적 불안의 징후라고 생각했기 때문이다.

이제는 다르다. 자신과의 대화는 하나의 방식으로 자리 잡았다.

승리하고 싶은가? 긍정적인 자기 대화를 통해 끊임없이 목표를 향해 움직이면 된다. 성공한 사람들은 대부분 자신에 대해 긍정적으로 생각하고 느낀다. 이들은 이런 생각과 느낌을 강력한 단어와 문장으로 옮겨 성공을 달성하거나 유지하게 도와주는 자기 대화의 흐름을 창조한다.

긍정적인 자기 대화는 원하는 결과를 창조하는 행동으로 바뀐다.

오늘부터 자신에게 가장 좋은 친구이자 지지자가 되자. 자신과 대화할 때는 긍정적인 특징과 성격을 나타내는 단어를 골라라. 나쁜 것이 아닌 좋은 것, 실패가 아닌 성공을 논해라. 미완성이 아니라 하루하루 이룩한 성취를, 못 하는 이유가 아니라 해낼 방법을 이야기하자.

이 과정을 적용하고 연습하며 매일 실천하면 새로운 자신을 경험할 수 있다.

긍정적인 자기 대화에서 사용하는 언어는 새로운 현실을 창조한다. 당신이 누구인지, 사업과 가족, 공동체에서 당신의 가치는 무엇인지 마음속에서 인식이 변화하기 시작한다. 이런 긍정적이고 새로운 생각의 사슬에서 참신한 사고 패턴이 탄생하는 법이다. 긍정적인 자기 대화를 매일 연습하면 궁극적으로 더 위대한 결과로 이어진다.

눈 깜짝할 사이에 예전보다 훨씬 활기차게 바뀐 자신의 모습이 경이롭게 다가올 것이다.

✦ ✦ ✦

자존감과 자신감을 구축하기에 성취만 한 것은 없다.

자신을 정복하지 않으면 자신에게 정복당한다.

자아상이 개인의 성취에 한계를 정한다.

자기 이해 ✦ Self-Knowledge

타인과 시간을 보내듯 나와도 시간을 보내라

나는 털사와 오클라호마, 애틀랜타, 조지아 사이 어딘가의 11킬로미터 상공에서 이 글을 쓰고 있다. 사실 이렇게 높은 곳에서 글을 많이 쓰는 편이다.

내 옆자리는 비었으며 비행은 아름답고 평화롭다. 나는 홀로 이 시간을 철저히 즐기고 있다. 그냥 자신과의 시간을 보내면서 나에 대해 생각한다. 내가 누구고, 어디로 가는지, 내 삶에서 뭘 개선하고 싶은지.

갑자기 지난주에 새 친구들과 함께 저녁 먹을 날짜를 정하던 때가 생각났다. 서너 가지 일정이 걸려 있어서 다들 시간이 나는 때를 고르려니 쉽지 않았다. 결국 우리는 날짜를 정하지 않고 이번 주에 다시 얘기하기로 했다.

S

이 비행기에 혼자 앉아서 아까 했던 전화통화며 저녁식사 날짜를 생각하다 보니, 문득 모두가 얼마나 바쁘게 지내는지, 오늘날 우리가 어떤 속도로 움직이는지 실감한다. 그러다 갑자기 내가 무슨 비행기를 타든 이렇게 상공에 있는 걸 좋아하는 이유를 깨달았다. 할 일 없이 혼자서 자신과 시간을 보낼 수 있기 때문이다.

나는 혼자 시간을 보내는 게 중요하다고 믿는다. 외부의 방해 없이 자기 성찰을 할 시간이 필요하다. **타인과 시간을 보낼수록 그들을 잘 알 수 있다. 자신도 마찬가지다.** 자신과 함께하는 시간은 훌륭한 투자이며 풍부한 보상이 주어지는 일이다. 우리는 자아와 더 친숙해지고 창의적 존재로서 자신의 진정한 잠재력을 더 깊이 존중하게 된다.

물론 혼자 있는 것을 견디지 못하는 사람도 있다. 그들은 끊임없이 누군가와 함께 있거나 뭔가 꼭 해야 한다.

나도 오랜 시간을 그렇게 살았다. 고독을 즐기지 않았기 때문에 혼자 있는 것을 좋아하지 않았다. 내게도, 다른 사람에게도 그리 흥미로운 동반자가 아니었다. 내 안의 진정한 가능성을 접하기 전까지는 말이다.

당신도 나처럼 바쁘게 움직이고 있다면 내가 방금 하기

로 결심한 것을 추천한다. 자신과 보내는 시간을 늘려라. 당신이 얼마나 흥미진진한 사람이 될 수 있는지 확인해 보자.

✦ ✦ ✦

생각이란 영혼이 자신과 나누는 대화다.

대화는 이해를 높이지만,
고독은 천재를 양성한다.

모든 인간의 고통은
조용한 방에 혼자 있지 못하는 데서 발생한다.

S

공부 ✦ Study

경쟁은 없다

북미 인구의 정확히 90%가 7학년(미국의 7학년은 대한민국의 중학교 1학년에 해당한다) 수준의 독서 능력을 보유했다고 한다. 7학년이 될 무렵 읽는 법을 배우고 그 이후로 독서 능력을 개선하지 않았기 때문이다.

충격적이지 않은가?

충격적일 뿐만 아니라 부끄러운 일이다. 하지만 저조한 독서 능력보다 자기계발 부족 현상이 더 심하다. 사람들은 대부분 무슨 일이든 거의 같은 방법으로 한다.

어떤 분야든 달인은 거의 없다.

판매 임원에게 물어보면 제대로 된 판매 전문가가 희귀하다는 데 금방 동의할 것이다. 관리자, 변호사, 회계사도 마찬가지다. 이런 예는 끝이 없다.

시장에서는 진정한 경쟁을 찾기 힘들다. 어떤 직종이든 눈에 띄는 거대한 세력이 존재한다. 이 몇 안 되는 영혼은 기술을 연구하고 완벽하게 다듬으려 하며, 들쥐 사이에 우뚝 선 기린처럼 군중 사이에서 돋보인다.

대가들은 직종과 상관없이 스스로 몸값을 정하고 미래를 설계할 수 있다. 그들은 항상 평판이 높고 큰 보상을 받는다. 당신이 이 몇 안 되는 고성취자 집단에 속하지 않더라도 안심하길 바란다. 이 클럽에는 남는 자리가 많고 자격을 얻기도 어렵지 않다.

언제나 더 좋은 성과를 낼 수 있다는 사실을 명심하고 매일 잠깐 시간을 내서 자기 일을 공부하자. 지금의 성과 수준을 훨씬 능가하는 구체적인 결과를 향해 전진하라.

매일 1시간만 집중해서 공부해도 1년이면 주 5일, 하루 8시간씩 9주 동안 공부한 것과 같다. 5년, 10년, 혹은 20년이 지나면 얼마나 많은 걸 알게 될지 생각해 보자.

나는 25년 전부터 이렇게 공부하고 있다. 지금은 한때 받았던 연봉보다 많은 돈을 한 시간 만에 번다. 공부를 시작하면서 성취의 위대한 비밀을 배운 덕이다.

S

✦ ✦ ✦

무지는 신의 저주다.

지식은 천국으로 날아갈 때 쓰는 날개다.

— 윌리엄 셰익스피어

진정한 지식이 더해질 때마다 인간의 힘이 더해진다.

지갑을 비워서 머리에 넣으면 아무도 빼앗지 못한다.

지식에 투자하면 항상 최고의 이자를 받을 수 있다.

— 벤저민 프랭클린Benjamin Franklin

원하는 것을 얻으려면

나는 앞서 잠재의식의 조건화를 바꿔야 한다고 말했다. 이 목표를 달성하려면 공부는 물론, 상당한 연습이 필요하다. 어떤 형태의 성취든 공부와 연습이 전제 조건이다.

하지만 안타깝게도 사람들에게 공부는 세금 납부와 비슷하다. 어쩔 수 없이 해야 할 때만 한다.

그럼 대안은 뭘까? 대안이 있어야 하지 않겠는가. 사실 있긴 한데 나로서는 용납할 수 없고 당신이 고려할 대안으로도 적합하지 않다.

공부의 대안은 앞으로 어디에 가든 영원히 무지로 일관하는 것이다. 그러면 무지한 상태로 돌아다닐 뿐만 아니라 생각과 기분, 행동으로 온 세상에 무지를 광고하게 된다.

공부의 보상이 뭐냐고? 친구여, 노력은 밀가루 반죽을 부풀리는 효모와 같다.

당신은 원하는 건 뭐든 가질 수 있다. 말만 하면 세상은 당신 것이다. 하지만 **원하는 것을 얻거나 원하는 일을 하고, 원하는 사람이 되기 위해서는 방법을 배워야 한다. 배우려면 공부해야 한다.**

「나의 세계로 오세요Welcome to My World」라는 곡의 가사를 아는가? '두드리면 열릴 거예요/찾으면 나타나요/구하면 얻을 수 있죠/세상의 열쇠는 내게 있어요' 이 아름다운 가사의 심오한 의미를 공부해야 한다. 이 가사에는 풍부한 진실이 담겨 있다.

삶을 공부하고 싶다면 유일하게 참고할 수 있는 두 가지 자료가 과학과 신학이다. 이 두 학문은 그 무엇도 창조되거나 파괴되지 않았다는 사실을 알려준다. 당신이 원하는 모든 것은 어떤 형태로든 이곳에 존재한다.

원하는 것을 얻으려면 방법을 배워야 한다. 방법을 배우려면 공부해야 한다.

✦ ✦ ✦

배우면서 생각하지 않는 사람은 패배한다.
생각하지만 배우지 않는 사람은 커다란 위험에 처한다.

나는 할 수 없는 일을 한다.
그래야 그 일을 할 방법을 배울 테니까.

성공 ✦ Success

행동하라, 실패가 불가능한 것처럼

왜 많은 정직한 사람이 그토록 노력하는데도 얻는 건 거의 없고, 어떤 사람들은 별반 노력하는 것 같지도 않은데 원하는 걸 다 가져가는 걸까? 이들은 뭐든 건드리면 황금으로 변하는 마법의 손을 가진 듯하다.

실패하는 사람은 계속 실패하는 경향이 있고 성공한 사람은 다음번에도 또 성공한다.

이 분명한 사실에 사람들은 수백 년 동안 혼란스러워했다.

나는 인생의 절반 동안 이 혼란스러워하는 다수에 속했다. 그러다 누군가 내게 성공 가도를 달렸던 사람들의 삶을 연구해 보라고 했다.

이들은 모두 같은 철학에 따라 사는 것처럼 보였다. 자신을 높이 평가하고, 정신적 훈련을 통해 긍정적이고 효과적인 아이디어를 선택한다.

윌리엄 셰익스피어는 이렇게 말했다. "의심은 배신자다. 거뜬히 이룰 수 있는 선善을 두려움으로 시도하지 못하게 한다."

내 서재에 있는 보석 같은 책 중에 오래전 도러시아 브랜디Dorothea Brande가 쓴 『깨어나 네 삶을 펼쳐라』가 있다. 그녀의 철학은 강렬한 한 문장으로 요약된다.

"실패가 불가능한 것처럼 행동하라."

이런 개념을 지침으로 삼아 모든 결정을 내린다면 과연 어떤 삶이 펼쳐질지 상상해 보자.

당신은 원하는 걸 모두 가질 수 있다. 그것과 함께하는 자신의 모습을 상상할 수 있다면 결국 가지게 될 것이다.

내가 한 말을 생각하면 왜 어떤 사람들은 승리하고 다른 사람들은 패배하는지 이해될 것이다.

브랜디의 철학을 받아들이자. 그녀에게는 효과가 있었다. 실패가 불가능한 것처럼 행동하라.

✦ ✦ ✦

인간의 유일한 경쟁자는 자신의 잠재력이다.
인간이 실패하는 건
자기 잠재력을 실현하지 못했을 때뿐이다.

우리는 과감하게
'상상도 할 수 없는' 생각을 해야 한다.
빠르게 변화하는 복잡한 세상에서 맞닥뜨리는
모든 선택지와 가능성을 탐색하는 법을 배워야 한다.

우리 의무는 능력의 한계가 존재하지 않는다는 듯이
계속 나아가는 것이다.
우리는 협력하여 창조한다.

성공이 필요한 사람, 성공을 욕망하는 사람

필요와 욕망에는 아주 큰 차이가 있다. 성공을 욕망하는 사람은 많지만 성공이 필요하다는 사람은 소수이다.

하지만 정말 필요로 하는 이들은 거의 항상 성공을 이뤄낸다.

'필요'는 생존하려면 꼭 있어야 할 것들이다. 음식과 숨 쉴 공기, 옷, 보금자리, 수면 등이 필요하다. 생존에 필요하면 값이 얼마든 확보해야 한다.

배고플 때 음식이 필요하듯 당신에게 성공이 필요하다고 확신하면, 굳이 고민하지 않아도 성공은 찾아온다.

당신이 생각하는 성공은 무엇인가? 일정한 소득 수준을 달성하거나 기술을 배우는 것? 특정한 생활 방식을 누리는 것? 회사에서 어떤 자리에 오르는 것?

사람은 저마다 성공에 관해 마음속으로 다른 그림을 그리지만 이를 완전히 이뤄내는 사람은 드물다. 왜냐고? 우리가 마음에 그리는 자아상이 잘못됐기 때문이다. 마음속 그림을 바꿀 수 있냐고? 당연히 바꿀 수 있다.

필요를 창조하려면 먼저 목표를 수립해야 한다. 눈앞에 목표를 설정했다면 동기부여 기술을 발휘하자. 설정한 목표를 필요로 바꾸는 것이다. 그러면 목표는 추진력으로 전환된다. 생존하려면 목표를 달성해야 한다고 스스로 확신해야 한다.

그런 정신 상태를 개발하면 틀림없이 성공할 수 있다.

물이 없는 상태로 사막에서 길을 잃었는데 어느 정도 떨어진 곳에서 물웅덩이를 발견했다고 하자. 거기까지 가려면 아무리 힘들고 고통스럽다고 해도 가야 한다는 결정이 자동으로 난다. 아무리 힘들어도 멈추지 않을 것이다.

하지만 이미 물이 많은 상황에서 신선한 물 한 잔을 마시고 싶다면 어떨까? 힘들다면서 굳이 물웅덩이까지 가지 않게 된다.

그렇다. 필요와 욕망에는 커다란 차이가 있다.

✦ ✦ ✦

동기부여에서 욕망은 무척 중요한 요소지만,
당신이 추구하는 성공을 실현하는 것은
끊임없이 목표를 추구하는 의지와
탁월함을 향한 헌신이다.

— 마리오 안드레티Mario Andretti

S

성공의 공식:

일찍 일어나고, 열심히 일하고, 대박을 터뜨려라.

실패라는 말은 잘못 쓰이고 있다

일반적인 상황에서 '실패'라는 단어에는 아주 부정적인 뜻이 담겨 있다. 나는 이 단어에 새로운 뜻을 부여하고 싶다. 지금까지 완전히 잘못 사용됐기 때문이다.

'실패'라는 단어는 수없이 많은 사람에게 말로 다 할 수 없는 슬픔과 고난을 가져다줬다.

무엇보다 진짜 실패와 일시적 패배를 구분하는 게 중요하다.

에드먼드 힐러리Edmund Hillary는 1951년과 1952년에 많은 사람이 지켜보는 가운데 에베레스트산 등정에 실패했다. 하지만 힐러리의 마음속에서 이것은 일시적 패배일 뿐이었다. 물론 실망스럽고 비용이 예상보다 많이 발생하게 되기는 했지만 실패는 아니었다.

포기하지 않은 끝에 결국 1953년에 힐러리와 셰르파 가이드인 텐징 노르가이Tenzing Norgay는 에베레스트산 8848미터 정상을 최초로 등정했다.

일시적 패배는 전화위복이 되곤 한다. 우리를 갑자기 끌어올리는가 하면, 더 바람직한 다른 길로 에너지를 움직이게 해준다.

나는 일시적 패배는 우리를 더 강하게 하고 목표 달성에 필요한 용기를 주는 대자연의 방식이라고 생각한다. 일시적 패배를 전화위복으로 바라보려면 커다란 용기가 필요하다.

결정타를 맞고 쓰러졌다가 다시 일어난 사람은 모두 더 강해지고 현명해졌다. **진짜 실패로 분류되는 건 일어나서 다시 시도하는 것을 거부할 때뿐이다.**

모든 발전에 앞서 위기는 찾아오게 마련이다. 위기가 클수록 발전할 기회도 커진다.

'실패'라는 단어를 사전에서 지워라. 당신은 내일 일어나서 다시 시도할 수 있다. 당신 내면의 힘보다 강한 외부의 문제는 존재하지 않는다.

S

✦ ✦ ✦

인간은 여러 번 실패할 수 있지만

다른 사람을 탓하지 않는 한 그는 실패작이 아니다.

승리도 실패도 모르는 잿빛 황혼 속에 살면서

즐기지도 고통받지도 않는 가련한 영혼과

어깨를 나란히 하기보다는,

패배로 얼룩지더라도 과감하게 위대한 일을 시도하고

영광스러운 승리를 거두는 편이 훨씬 낫다.

— 시어도어 루스벨트

생각 ✦ Thinking

1%의 차이

오래전에 절친한 친구인 르랜드 발 반 드 월이 주최하는 세미나에 참석한 적이 있다. 나는 그날 친구의 말을 듣고 포복절도했다. 사실 청중 전체가 폭소를 터뜨렸다. 그는 이렇게 말했다. "생각을 말로 한다면, 아마 대부분의 사람이 말이 없을 겁니다."

얼마나 현명한 사람인가. 맞는 말이다.

몇 년 전에 한 컨벤션에서 영광스럽게도 켄터키 출신의 위대한 교육자 케네스 맥팔런드Kenneth McFarland와 같은 연단에 섰다. 맥팔런드도 비슷한 말을 했다.

"사람들 가운데 2%가 생각하고, 3%는 자기가 생각한다고 생각하고, 95%는 생각하느니 차라리 죽음을 선택합니다."

T

최근에 읽은 책에서는 극작가 조지 버나드 쇼가 이런 말을 했다. "사람들은 대부분 일 년에 두세 번 정도 생각한다. 나는 일주일에 두세 번 생각하는 것만으로도 국제적 명성을 얻었다."

지금쯤 당신은 이렇게 말할 것이다. "말도 안 돼요, 밥. 사람은 누구나 생각하잖아요."

정말 그럴까? 앞으로 몇 시간 동안 주변에서 일어나는 대화에 주의 깊게 귀를 기울여 보자. 틀림없이 대부분의 대화가 생각 없이 이뤄질 것이다. 그렇지 않고서야 그런 말을 할 리가 있겠는가.

동료들의 행동을 지켜보자. 그들도 생각하지 않는다. 생각한다면 그렇게 행동할 리 없다.

어쩌면 당신은 맥팔런드가 언급한 '생각한다고 생각하는 사람들'로 구성된 3% 집단에 속할지도 모른다.

조금 노력하면 정말로 생각하는 2% 집단에도 진입할 수 있다. 이들은 성취자이며 삶의 승리자다.

생각에는 배움이 필요하지만 대부분의 학교에서는 이 과목을 가르치지 않는다. 잘 생각해 보자.

✦ ✦ ✦

기꺼이 진지하고 심각하게
생각하는 사람은 찾기 힘들다.
사람들은 보편적으로 간단한 답과
섣부른 해결책을 추구한다.
누군가에게는 생각하는 것이 가장 큰 고통이다.

— 마틴 루서 킹 주니어 Martin Luther King Jr.

모두가 똑같이 생각한다면
누군가는 생각하지 않는다는 뜻이다.

— 조지 S. 패튼

수많은 사람이 그저 편견을 재구성하면서
스스로 생각한다고 생각한다.

T

모든 것의 서문, 생각

귀납적 추론은 참으로 훌륭한 도구다. 당신에게 진정한 자유를 주기 때문이다. 추론은 생각을 선택할 능력을 부여한다.

제2차 세계대전 당시 강제 수용소에 감금됐던 빈 출신의 위대한 정신과 의사 빅터 프랭클은 『빅터 프랭클의 죽음의 수용소에서』라는 책을 집필했다. 그 책에서 그는 "억류자들이 나를 육체적, 지적으로 학대했지만 내가 생각하기로 선택하지 않은 것을 생각하게 하지는 못했다"고 썼다.

생각은 가장 고차원적인 기능이다. 기회가 있을 때마다 이 정신 능력을 발휘해야 한다. 생각은 당신의 삶에서 모든 것의 서문이다.

역사에 존재했던 모든 위대한 리더가 인간은 생각하는 대로 된다고 했다. 그들은 다른 모든 쟁점에서 서로 반대 의견을 냈지만 이 점에 관해서는 만장일치를 보였다.

안타깝게도 사람들은 대부분 거의 생각하지 않는다. 보거나 듣는 대로 받아들일 뿐이다.

누군가 당신에게 무언가 제안한다면 단순히 받아들이고 거기 맞춰 행동하지 말고 생각해라. 고유한 추론 능력을 발휘하자. 그 제안이 삶의 질을 개선할지 자문해야 한다.

추론 능력을 향상할 훌륭한 연습 방법을 소개한다. 나도 습관적으로 활용하고 있으며, 원하는 건 거의 모두 얻게 해 줄 방법이다.

노트와 펜을 꺼낸다. **노트 맨 위에 당신이 원하지만 지금까지 달성하겠다고 진지하게 생각하지 않았던 것을 적는다. 다른 사람의 권리를 침해하지 않고 얻을 방법을 생각해 보자. 그다음 원하는 것을 가질 수 없는 이유를 적는다.**

아주 단순한 연습으로 보이지만 막상 진짜로 실천하는 사람은 거의 없다. 사람들은 대부분 자기가 원하지도 않는 것을 생각하느라 삶이 줄 수 있는 가장 좋은 것들을 빼앗겨 버린다.

생각하라. 깊고 예리하게 생각해라. 그러면 추론 능력은 더 강해질 것이다.

T

✦ ✦ ✦

황금은 땅에서 파낸 것보다
인간의 생각에서 나온 것이 더 많다.
— 나폴레온 힐

인간은 펜을 들고 쓰기 전까지는 모르는
1000가지 생각을 품고 있다.

우리 생각은 보이지 않는 사슬로 엮인 채
뇌의 수많은 방에서 숨죽이고 있다.
하나만 깨우면 무수한 생각이 깨어난다.

운명을 움직이는 조용한 스위치

우리는 이 세상이 모든 생각에 반응하는 무한한 지성의 우주라는 사실을 조금씩 깨닫고 있다. 하지만 정신을 철저히 탐구하는 사람만이 정신적 자극이 주어질 때마다 어떤 경이로운 에너지가 움직이는지 제대로 이해한다.

생각은 성격을 형성할 뿐만 아니라 공동체의 변화와 도시 건설, 국가 형성, 세상에서 일어나는 모든 위대한 사건의 원인이다. 생각은 인간의 운명을 움직이는 조용한 스위치다.

모든 발명과 가치 있는 발견은 처음에는 정신적 개념이었다. 신념과 노력이 뒷받침된 아이디어는 모두 눈에 보이는 현실이 되고, 가난이나 신체적 약점 같은 모든 물질적 걸림돌은 오히려 내면의 자원과 타고난 능력을 끄집어내서 창조적 활동을 자극한다.

나는 일 년쯤 전에 릭 한센Rick Hansen을 만났다. 릭은 자동차 사고로 하반신이 마비된 젊은이다. 그는 내게 신체적 장애를 긍정적으로 생각할 수 있게 되었다고 말했다. 장애가 신체적인 것이었기 때문에 직접 눈으로 보고 극복할 수 있었다는 것이다. 그는 휠체어를 타고 세상을 돌아다니면서 척수 연구를 위해 수백만 달러를 모금했다. 휠체어 마라톤 금메달을 따기도 했다.

따분하고 초라한 삶에서 한센을 해방해 준 것은 생각이었다. 그는 생각 덕분에 모험이 넘치는 삶, 수많은 이에게 봉사하는 삶을 살 수 있었다. 또한 수백만 명이 그를 지켜보면서 자신의 인생을 되돌아보게 했다.

T

생각에는 엄청난 힘이 있으며, 당신은 자신과 다른 사람의 삶을 개선하는 데 이 힘을 활용할 수 있다.

✦ ✦ ✦

삶은 늘 주로 하는 생각의 결과를 표현한다.

과학이 비물리적인 현상을 연구하기 시작하면,
10년 이내에 지금껏 과학이 존재했던 세월보다
더 많은 발전을 이룰 것이다.

시간 ✦ Time

10년의 시간을 추가로 얻는 법

당신이 이 지구에 머무르는 시간을 어떻게 바라보든 인생이 짧다는 건 인정해야 한다. 당신과 나는 삶에서 뭐든 선택하는 대로 창조할 잠재력이 있다.

누구에게나 매일 같은 시간이 주어진다.

우리는 거기서 모든 걸 얻는다.

시간이라는 소중한 자원을 조금이라도 낭비한다고 생각하면 얼마나 마음이 불편한지 모른다. 나는 극도로 피곤할 때가 아니라면 매일 밤 의식이 없는 시간조차 아깝다. 아니, 대부분의 밤이라고 해야 할 듯하다. 실제로 밤에 자지 않을 때도 있으니까.

지금부터 귀를 기울이자. 아직 이 사실을 모른다면 지금 내가 말하는 내용에 충격을 받고 흥미진진한 생활 방식에 빠져보길 바란다.

사람은 매일 평균 4시간 동안 TV 앞에서 시간을 보낸다. 이 시간은 2세에서 65세까지 합하면 10년 반에 달한다. 이 사람들이 21년 동안 매일 밤 8시간씩 자는 것까지 합산하면 내가 언급한 63년의 정확히 반을 완전히 무의식으로 보내거나 그에 못지않은 상태로 진공관 앞에서 허비하는 셈이다.

생각해 보자. 31년 반 동안 TV를 보거나 잠을 잔다. TV를 탓하는 게 아니고 쉬어야 한다는 말에도 동의하지만, 이건 정말 말도 안 된다.

이번 생에서 진심으로 무엇인가 성취하고 싶지만 어쩌다 보니 앞서 말한 생활 방식대로 살고 있는가? 이제부터 어떻게 해야 할지 알 것이다. 두 가지 영역에서 2시간씩만 줄이면 매년 24시간짜리 하루를 60일 얻을 수 있다.

정말 많은 시간이다. 이 시간을 활용하면 더 풍부한 삶이 펼쳐진다. 앞서 언급한 63년 동안 **무엇을 선택하든 이룰 수 있는 10년을 추가로 얻는 셈**이다. 이는 우리 모두에게 주어진 막대한 시간이다. 당신은 어떻게 쓸 것인가?

✦ ✦ ✦

한 시간을 낭비하는 사람은

인생의 가치를 모르는 사람이다.

우리는 시간을 무엇보다 간절히 원하면서도

가장 엉망으로 쓴다.

T

비전 ✦ Vision

마음속에 선명한 그림을 그려라

오래전에 헬렌 켈러Helen Keller는 눈이 보이지 않는 것보다 나쁜 일이 있느냐는 질문을 받았다. 켈러는 곧바로 훨씬 끔찍한 게 있다고 대답했다. "세상에서 가장 한심한 사람은 시력은 멀쩡하되 비전이 없는 사람입니다."

생각하는 사람이면 그녀에게 금방 동의할 것이다.

사람은 더 나은 삶의 방식에 대한 비전이 없을 때 무의식적으로 자신을 감옥에 집어넣고 희망 없는 삶에 갇혀 버린다. 성공하려고 몇 번이나 진지하게 시도했다가 매번 실패한 사람들에게 이런 일이 자주 일어난다. 반복된 실패는 자아상을 훼손하고 자신의 잠재력을 보지 못하게 한다. 그러면 사람은 포기하고 모든 걸 운명에 맡기게 된다.

버넌 하워드Vernon Howard는 "자기가 갇혔는지 모르는 사람은 감옥에서 탈출할 수 없다"고 썼다. 맞는 말이다. 이들은 스스로 감옥에 갇혔는데도 그 사실을 알지 못한다. 더 나은 삶에 대한 비전이 없으면 희망도 존재하지 않는다.

당신이 이런 부정적인 고리에 갇혔다면 풍요로운 미래를 상상하며 첫발을 떼라. 정확히 어떻게 살고 싶은지 마음속으로 그림을 그리자. 그 장면을 계속 떠올리면 모든 것을 개선할 긍정적인 방식이 머릿속에 흘러들 것이다.

생각해 보면, **당신의 비전은 많은 사람이 알거나 들어본 적 있는 실제 생활 방식이다.** 이 간단한 진실을 깨달아야 한다. 그들이 했다면 당신도 얼마든지 할 수 있다.

모든 인간에게는 꿈을 실현할 똑같은 잠재력이 있다. 누구나 보유한 무한한 잠재력을 활용할 수 있느냐가 관건이다.

✦ ✦ ✦

욕망은 그것을 달성할 행동을 전제로 한다.
행동은 달성할 가치가 있는 목표를 전제로 한다.

— 아인 랜드Ayn Rand

V

나는 그 깊은 어둠을 응시하며, 오랫동안 서 있었다.
의아해하며, 두려워하며, 의심하며,
누구도 감히 꿈꾸지 못한 꿈을 꾸며.

— 에드거 앨런 포Edgar Allan Poe

이 세상에 생명이 있는 것은 긍정뿐이다.

— E. E. 커밍스E. E. Cummings

돈키호테식 사고방식

「맨 오브 라 만차Man of La Manch」는 브로드웨이에서 선풍적인 인기를 끈 뮤지컬이다. 이 뮤지컬에서 돈키호테는 죽음의 위기에 처한다. 그는 지나치게 긍정적으로 생각한다는 이유로 조롱과 멸시를 받는다.

돈키호테의 기분이 어땠을지 이해되지 않는가?

마침내 자기변호를 하게 된 돈키호테가 근본적 질문을

던진다. "누가 미친 거요? 이룰 수 있는 세상을 상상하는 내가 미친 거요? 아니면 세상을 있는 그대로만 보는 사람들이 미친 거요?"

돈키호테는 우리에게 수많은 질문을 던진다. 자문해 보자. 현실주의자와 이상주의자, 누가 미친 걸까? 낮이 지나면 필연적으로 밤이 오듯이, **의식적으로 현재 결과에만 주의를 집중하면 앞으로도 같은 결과가 나올 수밖에 없다.**

이것이 바로 불행한 사람은 계속 불행한 이유다. 외로운 사람은 계속 외롭고, 가난한 사람은 계속 가난하기만 한 이유이기도 하다.

제임스 앨런은 이렇게 썼다. "공상가가 세상을 구한다." 정말로 이들이 세상을 구한다. 우리 삶을 더 편하게 만들어 준 위대한 발명은 온 세상 돈키호테들의 작품이다. 이들은 장차 이룰 수 있는 세상을 상상했다.

오늘 왠지 기분이 가라앉거나 그동안 틀에 박혀 있었다고 느낀다면 돈키호테식으로 생각해라. 일터나 사업장에서의 위치, 인간관계, 학교 성적, 혹은 판매 실적을 미래의 가능성으로 바라봐야 한다. 더 나아진 결과를 마음속에 아름답게 그려보자.

V

비관론자들에게 흔들리지 마라. 돈키호테식으로 사고하고 즐겨라. 믿기 힘든 성과를 이룰 수 있을 것이다.

✦ ✦ ✦

자기 마음속을 들여다봐야만 비전이 명확해진다.
내면을 들여다보는 사람은 깨어난다.

— 칼 융Carl Jung

상상력과 꿈이 도약하지 않으면 짜릿한 가능성이 사라진다.
알고 보면 꿈꾸는 것도 일종의 계획이다.

— 글로리아 스타이넘Gloria Steinem

개인이 될 권리뿐만 아니라
개인이 돼야 할 의무도 있다는 사실을 항상 기억하라.

— 엘리너 루스벨트Eleanor Roosevelt

승리 ✦ Winning

간발의 차이

흔히 승리와 패배를 가르는 선은 면도날처럼 가늘다고들 한다. 실제로 그렇다. 내가 말하는 성공은 삶의 모든 영역에 걸친 엄청난 성공이다.

윌리엄 서머싯 몸William Somerset Maugham은 『면도날The Razor's Edge』이라는 제목으로 책 한 권을 썼다. 대릴 재넉Darryl Zanuck도 같은 제목으로 영화를 제작했다.

두 사람 모두 인간은 서로 크게 다르지 않다는 사실을 알았다. 인간이 성취한 것이 크게 다를 뿐이다.

누군가는 프로젝트를 시작하기 직전까지 간다. 다른 사람은 실제로 시작한다. 누군가는 거의 완성한다. 다른 사람은 실제로 완성한다. 어떤 학생은 시험에 거의 통과할 뻔한다.

W

다른 학생은 통과한다. 두 사람의 성적 차이는 전체 점수의 1%에 불과하지만 **그 1%가 모든 차이를 결정짓는다.**

1949년 암드Armed는 미국 역사상 가장 많은 돈을 벌어들이는 경주마였다. 그 해 암드는 76만 1500달러의 수입을 올렸다. 같은 해에 수입 2위를 기록한 말은 1.6킬로미터에 달하는 코스에서 간발의 차이로 졌지만 겨우 7만 5000달러를 벌었다.

승리 횟수만 놓고 보면 암드는 2등 말보다 13배 우수하다고 볼 수 있었다. 하지만 두 말이 실제로 경주에서 기록한 시간을 비교하면 암드가 경쟁마를 제친 시간은 채 4%도 채 되지 않는다.

사소한 부분이 모여서 큰 차이를 만든다. 당신은 무엇을 성취하고 싶은가? 앞으로 더 유능해지기 위해 오늘 어떤 사소한 일을 할 것인가?

당신이 위대함에 이르기까지 어쩌면 단 한 걸음 남았을지도 모른다.

✦ ✦ ✦

나는 차를 탈 때마다 항상 무엇이 잘못됐고
어떻게 개선해야 할지 생각한다.

— 월트 디즈니Walt Disney

승자는 도전을 멈추지 않는다.

— 톰 랜드리Tom Landry

고난을 담대하게 견디는 자는 그만큼
위대한 영혼과 함께 번영을 이룰 것이다.
고난에 낙담하지 않는 자는 번영에도 흥청대지 않는다.

리듬의 법칙과 승리

썰물이 지면 밀물이 들어온다. 여름이 가면 겨울이 온다. 낮이 지나면 밤이 된다. 불황이 끝나면 호황이 찾아온다. 우는 날이 있으면 웃는 날도 있다. 모두 만물에 영향을 미치는 우주 법칙, 리듬의 법칙을 표현한 말이다.

W

아마추어는 생산이 저조한 원인을 불황 탓으로 돌린다. 특정 산업에서 한 사람이 부진한 이유가 경제에 있다면 그 산업에 속한 사람들은 모두 부진할 것이다. 하지만 알다시피 그렇지 않다. 불황이든 호황이든 모든 상황에서 누군가는 승리하고 누군가는 패배한다.

경제와 상관없이 승리할 방법이 존재한다. 그럼 질문이 나온다. "그게 뭔데요?"

경제가 호황일 때 하던 일을 그대로 하는 것으로는 부족하다. **경제적으로 상황이 좋을 때와 같은 열을 얻으려면 더 많은 연료를 때야 한다. 더 많은 에너지와 생각, 서비스를 투자해야 한다.**

긍정적 사고와 관련한 프로그램을 더 자주 들어라. 영감을 주는 책을 더 많이 참고해라. 함께 시간을 보내는 사람을 더 주의 깊게 골라라. 조금 더 사랑하고 조금 덜 미워해라. 동료가 불평하기 시작하면 긍정적인 주제로 전환하거나 그 자리를 벗어나라.

당신이 그 롤러코스터를 탈 필요는 없다. 어떤 목표든 달성하는 방향으로 꾸준히 올라갈 수 있다.

누구에게, 무엇에 좌우될지는 당신의 선택에 달렸다.

✦ ✦ ✦

힘이나 지능이 아닌 끊임없는 노력이야말로

잠재력을 해방하는 핵심이다.

성취의 기쁨과 창의적 노력의 전율에

행복이 존재한다.

— 프랭클린 D. 루스벨트

현재와 다음 생에 모두 헌신하라.

노력하지 않으면 성공할 수 없다.

땅이 아무리 비옥해도

경작하지 않으면 풍성한 작물을 수확할 수 없다.

W

일 ✦ Work

놀이처럼 느껴지는 일을 하라

인본주의 심리학자 에이브러햄 매슬로는 자아를 실현한 사람들을 연구하는 데 평생을 바쳤다. 인간의 잠재력을 최대화했던 극소수의 집단이었다.

매슬로의 연구는 자아를 실현한 사람들에게 몇 가지 공통점이 있다는 사실을 보여 준다. **제일 중요한 건 스스로 가치 있고 중요하다고 생각하는 일을 했다는 점이다. 그들은 일에서 기쁨을 느꼈고 일과 놀이를 거의 구분하지 않았다.** 매슬로는 자아를 실현하려면 중요하다고 생각하는 것을 넘어서 잘하고 좋아하는 일을 해야 한다고 말했다.

매슬로에 따르면 고성과자들의 성격에는 스스로 값지고 중요하다고 생각하는 가치와 특징이 녹아 있다. 이런 가치는 사회나 부모, 타인이 매기지 않는다.

이들은 자기 일과 마찬가지로 가치 역시 스스로 선택하고 개발했다.

삶에서 최고를 끌어내고 싶은 사람에게 매슬로의 발견은 중요하게 다가온다. 당신에게도 가치가 있는가? 직접 이 가치를 골랐는가? 지금 하는 일이 가치 있고 중요하다고 생각하는가? 일하는 게 즐거운가? 일과 놀이가 거의 구분되지 않는가?

이런 질문에 그렇다고 대답하지 않는다면 진지하게 변화를 고려해야 한다.

당신의 삶은 중요하며 삶의 전성기는 짧다. 아주 짧다. 나이가 들수록 인생이 얼마나 짧고 중요한지 명확히 깨닫게 될 것이다. 자신감 있는 사람이라고 해도 직업을 바꾸거나 내려놓는 건 두려운 일이다. 하지만 그 대안은 훨씬 끔찍하다.

당신에게는 무엇을 선택하든 잘할 수 있는 잠재력이 있다. 바로 오늘 시작하라.

✦ ✦ ✦

자기 능력에 못 미치는 삶에

만족하고 타협하며 살아간다면

열정은 존재하지 않는다.

— 넬슨 만델라Nelson Mandela

아무리 해도 일이 끝나지 않는다고 느낄 때

아무리 해도 일이 끝나지 않는다는 느낌을 받은 적 있는가? 올바른 방향으로 가고 있다면 그렇게 느껴야 한다.

지금 당신이 하는 일은 사업에 성공을 가져다주고, 궁극적으로 더 많은 일이나 사업을 창조해야 한다.

이 간단한 진실을 깨닫지 못하는 사람들이 종종 보인다. 그중 한 명은 본인이 생각하기에 해야 할 일이 너무 많아서 항상 정신없고 분주하며 폭발하기 직전이었다. 정신과 의사는 이 사람에게 하루 8시간 근무 시간 중에서 6시간만 일하고 일주일에 하루는 묘지에 가라고 했다.

"묘지에서 뭘 하라는 겁니까?" 자신의 그릇된 생각에 잠식된 희생자가 놀라서 질문했다.

"특별한 건 아니에요." 의사가 대답했다. **"그냥 둘러보면서 영원히 잠든 사람들을 눈여겨보세요. 그 사람들도 일을 끝내지 못했다는 걸 잊지 말고요. 사실 누구나 마찬가지죠."**

참 훌륭한 조언이다.

정신과 의사의 제안에는 재미있는 풍자가 녹아 있다. 아무리 둔한 사람이라도 생각할 수밖에 없을 것이다. 근무 시간이 8시간인데 6시간만 일하라는 것도 어떤 사람들에게는 현명한 처방이다. 내가 아는 사람 중에는 8시간으로 배정된 근무 시간에 4시간짜리 일을 하는 사람이 많다. 심지어 다 하는 데 10시간이 걸린다. 그들의 머릿속은 끊임없이 혼란스러운 상태이기 때문이다.

내가 보기에 정신과 의사의 조언은 서두르지 말고 꾸준히, 효율적으로 일하라는 뜻이다. 우리에겐 항상 내일이 있다. 효율적으로 계획을 세웠고 우선순위를 제대로 알고 있다면, 중요한 일은 끝낼 것이고 다른 일은 미뤄도 된다.

훌륭한 의사가 말하는 요점은 핵심을 찔렀다. 묘지에는 모든 걸 끝내지 못한 사람들이 가득하다.

W

✦ ✦ ✦

먹고살기 위해 아등바등하는 사람은
사는 것을 잊어버린다.

일은 형벌이 아니다.
일은 인간의 보상이자 힘이고 기쁨이다.

나는 일할 때 진정 살아 있음을 느낀다.

걱정 ✦ Worry

걱정하는 일의 92%는 일어나지 않는다

걱정은 국가적 취미로 자리 잡은 정신적 질병이다. 천연두보다 전염성이 높다는 사실도 알아야 한다.

걱정은 당신을 무기력하고 신경질적인 사람으로 만든다. 달리 말하면 같이 있기 싫은 사람이 된다. 걱정은 두려움의 전조 증상으로, 불안을 조장하고 결국 육체의 병으로 이어지게 한다.

걱정이 많은 사람이 지극히 생산적인 행동을 하는 모습은 절대로, 다시 말하지만 절대로 볼 수 없다. 걱정과 의도적인 우려를 혼동해선 안 된다. 두 가지에는 큰 차이가 존재한다.

부정적인 생각을 선택해서 특정한 결말로 유도할 때 걱

W

정이 끼어든다.

이 말이 사실임을 증명하는 훌륭한 사례를 살펴보자.

몇 년 전 LA에서 살면서 일하다가 토론토에 갈 일이 생겨서 친구를 만났다. 그때 친구는 무척 우울해 있었고 어울리기에 썩 기분 좋은 상태는 아니었다.

나야 잠깐 만났을 뿐이니까 그리 괴롭진 않았다. 하지만 친구의 가족은 얘기가 다르다.

친구의 아내에게 문제가 뭐냐고 물었더니 다음 주에 받을 급여가 써야 하는 돈보다 2000달러 모자란 것 때문에 전전긍긍하고 있다고 대답했다. 나는 친구에게 일주일이면 여러 가지 변수가 있으니까 걱정하지 말라고 했다. 그래도 소용이 없었다. 결국 나는 친구에게 2000달러짜리 수표를 써주며 말했다. "혹시 수표를 안 쓰게 되면 내가 돌아왔을 때 돌려줘."

수표를 받아들자 친구의 상태는 금방 바뀌었다. 이제 행복해진 것이다.

다음 달에 친구는 수표를 돌려주며 쓸 필요가 없었다고 말했다. 내가 대답했다. "다행이야. 그 계좌에는 돈이 없었거든."

당신이 걱정하는 일의 92%는 일어나지 않는다. 걱정하지 말고 행복해져라.

✦ ✦ ✦

내일에는 두 가지 손잡이가 있다.
내일을 헤쳐나갈 때 우리는 불안이라는 손잡이와
믿음이라는 손잡이 중 하나를 선택할 수 있다.

걱정은 문제를 빌린 사람이 지급하는 이자다.
나는 마음을 정하면
두려움이 사라진다는 사실을 배웠다.
꼭 해야 할 일을 알면 두려움은 날아간다.

— 로자 파크스Rosa Parks

W

The ABCs of Success

밥 프록터의

위대한 확인

옮긴이 **김잔디**

책과 무관한 기업에서 7년간 일하다가, 평생을 책과 씨름하면서도 놀이하듯 즐겁게 살고 싶어 번역가의 길을 선택했다. 정확하면서도 따뜻한 여운이 남는 번역을 목표로 삼고 있다. 서울시립대학교를 졸업하고 글밥아카데미를 수료한 후 바른번역 소속 번역가로 활동 중이다. 옮긴 책으로는 『좋은 리더가 되고 싶습니까?』, 『미라클 모닝 기적의 공식』, 『리더의 마음챙김』, 『인생의 해답』, 『밥 프록터 생각의 시크릿』 등이 있다.

밥 프록터의

위대한 확언

초판 1쇄 발행 2022년 12월 21일
초판 3쇄 발행 2023년 1월 25일

지은이 밥 프록터
펴낸이 김동환, 김선준

책임편집 오시정
편집팀장 최한솔 **편집팀** 최구영
책임마케팅 이진규 **마케팅팀** 권두리, 신동빈
책임홍보 한보라 **홍보** 조아란, 이은정, 유채원, 권희, 유준상
표지디자인 김혜림 **본문디자인** 강수진

펴낸곳 페이지2북스 **출판등록** 2019년 4월 25일 제 2019-000129호
주소 서울시 영등포구 여의대로 108 파크원타워1, 28층
전화 02)2668-5855 **팩스** 02)330-5856
이메일 page2books@naver.com
종이 월드페이퍼 **인쇄 · 제본** 한영문화사

ISBN 979-11-90977-95-1 (03320)